住田正樹・武内 清・永井聖二 監修
子ども社会シリーズ
3

子どもと学校

武内 清 編

学文社

■執筆者■

＊武内　　清	敬愛大学	（第1章）
西島　　央	首都大学東京	（第2章）
冨江　英俊	関西学院大学	（第3章）
大島　真夫	東京理科大学	（第4章）
松尾　知明	国立教育政策研究所	（第5章）
白石　義郎	久留米大学	（第6章）
河野　銀子	山形大学	（第7章）
小原　孝久	元東京都立国立高等学校	（第8章）
野崎与志子	ニューヨーク州立大学（名）	（第9章）
小暮　修三	東京海洋大学	（第9章）
望月　重信	明治学院大学（名）	（第10章）
大倉健太郎	大阪女子短期大学	（第11章）
岩田　弘三	武蔵野大学	（第12章）

（執筆順／＊は編者）

子ども社会シリーズ
刊行によせて

　今，子どもをどのように理解し，どのように対応していけばよいのか，非常に難しくなっています。子どもが変わったとよく言われますが，では，子どもがどのように変わったのか，そして何故変わったのかと言いますと，まだ何もわかってはおりません。

　子どもが変わったというとき，その変わったという方向は大人から見て是認できるようなものではありません。むしろ子どもの将来，さらには将来の社会を憂えるような芳しからぬ方向です。

　今の子どもの考え方や態度，行動に大人は不安と戸惑いを感じ，ときには狼狽えてさえいます。子どもの態度や言動が大人の理解の域をはるかに越え，そのために子どもを理解できず，確信をもって対処できないのです。

　今の子どもは，かつてとは異なり，家庭・学校・地域を越えたところからの影響を強く受けるようになっています。しかしそれにもかかわらず，子どもの問題の解決や対処となると依然として家庭・学校・地域に任されているところに問題があります。今日では，子どもの問題は，家庭・学校・地域の対応はもちろんのこと，さらに枠を広げて社会で対応するという視点が必要になってきています。

　本シリーズでは，子どもの問題を6つのテーマに分け，それぞれのテーマごとに現代の子どもの問題を分かりやすく解説しています。本シリーズによって親や教師をはじめ，広く市民の方々が子どもの問題への関心をさらに高めていく機会になればと思っています。

　2010年3月

住田　正樹
武内　　清
永井　聖二

まえがき

　学校というと何がイメージされるのであろうか。楽しさ，懐かしさ，苦しかったこと，嫌なこと，知る喜びと授業の退屈さ，先生に褒められたことと叱られたこと，友達との楽しいおしゃべりといじめ，部活動の楽しみと苦労，学校行事の思い出など，喜怒がないまぜになっていろいろなことが思い浮かぶであろう。現に学校生活を楽しんでいる人，苦しめられている人，日々格闘している人も多いことであろう。

　学校は近代の産物といわれ，近代社会の利点も限界も合わせもっている。そこに通い多くの時間を過ごす子どもたちは，学校から多くのものを得，同時に傷つくことも多い。学校で学んだ読み書き算の基礎学力や規範はその後の生活に大いに役立っている。部活動でやったスポーツや趣味活動は大人になっても続けている。学校時代の友は一生の友になる。一方，先生や友人の一言や叱責が一生のトラウマになっている人もいるだろう。いじめ，校内暴力，不登校，高校中退，学力低下といった子どもたちの「問題」行動から，傷つけられた人も多いであろう。

　そのような子どもに大きな影響を与える学校という場の仕組みや特徴を知り，問題があればそれを改善していくことは緊急の課題である。

　学校組織の特質，学習指導要領，カリキュラム，道徳教育，部活動，キャリア教育，教師―生徒関係，いじめ，国際化など，子どもの教育に影響を与えている学校の制度や組織や文化の現状と問題点を，客観的な立場からその実際を再吟味することは必要なことであろう。

　本巻では子どもと学校を巡るさまざまな側面に，社会学的なメスを入れ，そのありようを批判的に吟味し，よりよい学校のあり方を，子どもの成長や教育との関連で探っていく。

　2010年3月

第3巻編者　武内　清

目　次

子ども社会シリーズ　刊行によせて　i
まえがき　iii

第1章　子どもにとって学校とは―「学校と子ども」概説― … 1
1　はじめに　1
2　学校の役割　2
3　教師の特質　5
4　学級集団の特質　8
5　生徒集団，生徒のサブカルチャー　9
6　社会格差と子ども　10
7　家庭，地域，学校と子ども　12

第2章　部活動―中高生の部活動への関わり方とその役割― … 17
1　はじめに　17
2　部活動の歴史的制度的変遷　18
3　中高生の部活動への加入状況　21
4　「学業と部活動の両立」問題　24
5　居場所としての部活動　26
6　「文化の格差」を縮減する部活動　28
7　おわりに　31

第3章　道徳教育―その現状と課題― … 34
1　はじめに　34
2　道徳教育のしくみ　35
3　道徳教育の現状―2つの調査からの考察―　37
4　教育基本法の改正と道徳教育　42
5　これからの道徳教育　43
6　おわりに　45

第4章　進路指導・キャリア教育 … 48
1　はじめに　48
2　「大人への移行」に起きた変化　49
3　進路指導からキャリア教育へ　54

    4　キャリア教育の今後　57

第5章　カリキュラムと子ども　………………………………………………62
    1　はじめに　62
    2　カリキュラムとは　62
    3　子どもの学び，カリキュラム，2つの教育パラダイム　63
    4　行動主義パラダイムとテスト準備教育　65
    5　構成主義パラダイムとこれからのカリキュラム　68
    6　構成主義にもとづくカリキュラム・デザインの事例　71
    7　おわりに　74

第6章　子どもの成長物語─スポーツ部活動─ ……………………………76
    1　スポーツ部活動における教育作用　76
    2　スポーツ部活動における成長の語り　78
    3　『しっぷうどとう』における成長物語の定型　80
    4　おわりに　86

第7章　ジェンダーと学校教育　………………………………………………88
    1　はじめに　88
    2　ジェンダーの多義性　88
    3　ジェンダーと学校　92
    4　学校知とジェンダー　95
    5　おわりに　101

第8章　教育現場と子どもたち　………………………………………………103
    1　はじめに　103
    2　「現代社会」の教室から　103
    3　「主体的に学べる授業」をめざす　108
    4　本当に勉強嫌いなのか　111
    5　学校現場は何を考えているのか　115

第9章　海外子女─子どもと学校と教育のグローバリゼーション─………119
    1　はじめに　119
    2　統計からみる海外子女教育の変遷　120
    3　海外子女現地校経験のエスノグラフィー調査　128
    4　おわりに　133

第10章　教育的関係性への問い―教師と子ども― ……………………… 137
1　はじめに　137
2　教師の世界　138
3　子ども社会の変容　143
4　教師と子どもの未来　146

第11章　脱学校論のいま―学校教育の可能性と制約― ……………………… 151
1　はじめに　151
2　近代の学校を支えるもの　152
3　摂り込みと振り分け装置としての学校　153
4　学校的価値の臨界点　156
5　学校再構築派と脱学校派　157
6　学校は必要とされているのか　160

第12章　学習指導要領の変遷と子ども ……………………………………… 164
1　はじめに―繰り返される学力低下論争―　164
2　学習指導要領の変遷からみた学校教育の移り変わり　166
3　中・高等教育の発展段階と教育接続　175

索　引　179

第1章 子どもにとって学校とは
―「学校と子ども」概説―

武内　清

1　はじめに

　現代において，学校の存在は，子どもたちにとって依然として大きい。学校は教師によって，社会において必要な知識や技術が効率よく教えられる場である。また，社会に出てから必要な行動様式や規範も教えられる。

　現代の学校は，外からのさまざまな変化や改革の渦の中にありながら，昔ながらの学級があり，授業が行われ，道徳教育，学校行事，部活動，進路指導といった学校の制度的活動が子どもたちを相手に日々行われている。

　そこにおける子どもたちの日々の生活実態を具体的に検証し，学校における子どものあり方を考えることはきわめて重要である。

　子どもたちにとって学校生活への適応に多少問題があっても，家庭や地域社会に居場所があれば，子どもの成長や心理的安定は確保される。しかし，都市化に伴い遊び場がなくなり地域行事も少なくなり，地域社会の人とのつながりは薄れて，子どもたちは地域社会のなかに居場所を見い出せなくなっている。また，親の高学歴化，家族の「教育家族」化，家庭の「学校化」に伴い，親の子どもの教育への期待は高まり，親は子どもの学業成績に一喜一憂するようになって，子どもたちにとって家族も安住の場ではなくなりつつある。

　子どもを取り巻く地域社会や家族の変容とともに，それらと共に歩んできた学校あり方も変わらざるをえなくなっている。地域社会や親の意識が変化し，

それらに伴い学校の機能や，子どもと学校の関係にも変化がおこっている。

学校は近代社会の組織で官僚的な特質をもち，教師はその組織の一員として，子どもたちに均一かつ公平な教育や指導をするよう期待されている。学校は集団生活の場であり，子どもたちの個性や多様性に対して十分には対応できず，子どもたちに学力格差，学校不適応・不登校，いじめ，逸脱，非行などの問題も生じさせている。

「子どもと学校」を扱う本巻は，子どもの教育をする学校自体の特質と，子どもと学校の関係，そして学校における子どもの様子を，さまざまな側面から明らかにする。時代と共に変わる側面と，変わらない側面を取り上げる。また，子どもの実態からの考察と理論的な考察を織り混ぜてすすめる。

具体的には，「部活動─中高生の部活動への関わり方とその役割」（2章），「道徳教育─その現状と課題」（3章），「進路指導・キャリア教育」（4章），「カリキュラムと子ども」（5章），「子どもの成長物語─スポーツ部活動」（6章），「ジェンダーと学校教育」（7章），「教育現場と子どもたち」（8章），「海外子女─子どもと学校と教育のグローバリゼーション」（9章），「教育的関係性への問い─教師と子ども」（10章），「脱学校論のいま─学校教育の可能性と制約」（11章），「学習指導要領の変遷と子ども」（12章），である。

それらの章に先立って，本章では，教育と学校の特質と子どもと学校との関わりの基本的な側面をおさえておきたい。

② 学校の役割

(1) 教育の2側面

教育についての考え方には大きく2つある。ひとつは，教育は子どものなかにある無限の可能性を引き出し開花させることという考え方であり，もうひとつは，タブラ・ラサ（白紙）の子どもに人類の文化遺産を注入し一人前の大人に仕立て上げていくことが教育という考え方である。

別の言い方をすれば，教育とは，子どもの内にある発達可能性を「引き出す」ことなのか，外から知識や文化を「注入する」ことなのかという考え方の対立

がある（潮木，1974）。

　しかし，この2つは必ずしも対立関係にはない。ズアオアトリという鳥がその種特有の鳴き声を習得するプロセスは，子どもの発達を考えるうえで参考になる。ズアオアトリの雄が成長して鳴くことができるようになるためには，成長の過程で同じ種の雄の鳴き声を聞くことが必要である。つまりどのように鳴くべきかは生得（遺伝）的に決まっているが，同時に模倣すべき対象との出会い（教育）がないと鳴くことができない（日高，1976）。この鳥の鳴き声の習得のように，子どもの発達・学習も内にある遺伝的特質と外からの働きかけの呼応関係によっておこると考えることができる。

　さらに，啐啄の機という言葉がある（外山，1997）。啐は鳥の雛が自ら内側から殻を突っつき孵ろうとすること，啄は親鳥が外側から卵の殻を突っつき孵化させようとすることである。親鳥の卵に対する突っ突きが早すぎても遅すぎても雛はうまく孵化することはできない。内からの力と外からの力が働き，その時期が一致することが大事になっている。

　子どもの発達も同じことで，子どもの内発的な成熟・発達と大人の外からの働きかけの2つがあり，その対応関係が大事になっている。言葉の学習や芸術の才能の発見のように発達の時期を逸した教育は手遅れになることがあるし，早期教育で子どもの発達可能性を潰してしまう場合もある。子どもの内からの発達と大人の外からの働きかけの適時性が，大事になっている。

(2) 学校の特質

　現代の子どもたちが多くの時間を過ごす学校という場は，当たり前の存在になっていて，どのような特質をもつところかを深く考えることはしない。しかし，学校はごく特異な特質をもっている。その特異性への自覚も必要である。

　第一に，学校は，家族と比べ，次のような特質をもっている（パーソンズ，1985）。

　①家庭では，性別や出生順位などその子のもつ属性が重視されていたが，学校という場はそれより，よい成績をあげること（学力），教師に言われたことをきちんと守ること（態度，道徳）という業績（アチーブメント）が重視され

る。

②家庭ではその家族の子どもであるから可愛がられるといった個別主義的な関係が重視されていたが，学校では誰もが公平・平等に扱われ，普遍主義的関係が大事にされる。教師が最もしてはいけないことはえこひいき（個別主義）で，すべての子どもに対して公平無私で接しなくてはいけない（普遍主義）。

③家庭では，子どもは同時にさまざまなことをする（拡散的）のに対して，学校には時間割があり，一時にひとつのこと（教科）を学ぶ（限定性）。

④家庭では喜びや怒りも比較的自由に表出される（感情性）が，学校では教師も子どもたちも感情を押さえ理性的に振舞うことが要求される（感情的中立性）。

⑤家庭にあって親はかけがえのない存在であるのに対して，教師は学年や教科によって替わる。子どもたちは，教師は取り替え可能な役割や機能を果たす人であることを学ぶ。

このように，子どもたちは，家庭とは違う特質をもつ学校で過ごすことで，将来の社会生活で必要な規範や価値を学んでいく。

第二に，学校で伝達される知識は，特異なものである（Young, M.F.D., 1971；志水，1990）。

① 口頭によるものより書かれたものが重視される（Literacy）。
② 教育内容は日常生活からかけ離れた抽象的なもの（Abstractness）。
③ 子どもが有している知識とは関連がないことが教えられる（Unrelatedness）。
④ 学習は個人作業が主となり個人単位で成績評価がなされる（Individualism）。

このように，学校は，日常生活では直接役立たない抽象的な内容を，文字を通して教え，個人単位でその成果を評価する。学校で教えられる知識は，クイズ番組の正解のような「化石化した知識」で，日常生活で役立つ「生成する知識」ではないという指摘もある（山本，1995，p.51）。

第三に，学校の文化は，中産階級的な文化が主になっている。教師も中産階級に位置し，デスクワーク（机に向かう），高い野心をもつこと，欲求充足延期（将来のために今の欲求の充足を延期する），清潔にすること，といった中産階級的な価値が教えられる。中産階級とは違った社会化様式で育ってきた労働者階

級の子どもたちは，慣れないルールや規範のもとでの競争で不利な位置に置かれ，負け組になる可能性が高い。

　第四に，教室は長方形で，教壇は一段高くなっている。それは19世紀初頭のイギリスの教育で導入されたモニトリアル・システムから引き継がれたものである。それは教師が一時に全生徒を監視し，統制するのに便利な方法である。監視がいなくても監視の目を意識する「一望監視システム」（フーコー，1977）として機能している。子どもたちは教室で，いつでも監視されているという意識をもち，自由に振舞うことができない。

　第五に，教室での教師と子どものやりとりは，権力関係で不均衡である。石黒広昭（1994）は「今何時ですか」（話者A），「2時半です」（話者B），「いいですね」（話者A）という会話の奇妙さを指摘している。このような会話は日常会話ではありえず，教室という場での権力のある教師（話者A）とそれに従属する生徒（話者B）との間で交わされる。そのような会話を通して生徒は，「何が正しいか」ではなく，「何を正しいと教師は思っているのか」を考えるようになる。

　以上のような学校の特質に留意し，子どもたちは学校でその特質からどのように教育されているのか，その隠された側面も含めて批判的に考えることが必要である。

　学校に通うことの意味も根本から考えたい。高校中退や不登校の生徒のなかには，必ずしも登校を強制するのが好ましくないケースもある。いじめられて自殺するよりは不登校を選んだ方がいいケースもある（山本，1999）。学校へ通い学ぶことの意味がまさに問われているのである。

3　教師の特質

(1) 教師タイプ

　子どもは学校において，教師の影響を多大に受ける。その教師になる人にはひとつの傾向があり，その職業柄，教師タイプというものが存在する。

　教師タイプとは，子ども好き，真面目，勤勉，道徳的といった性格の特徴で

ある。階層的には中層の人が多い。

このような教師タイプにに対して，多様な子どもたちが接することになる。子ども好きで，真面目で，勤勉な教師タイプの大人が，すべての子どもに接することは好ましいことである。しかし，教師タイプの教師に合う子どももいれば合わない子どももいる。教師に合わない子どもは，その性格や教え方に反発を感じ，同じ問題を抱えた子どもで「対教師暴力」や「学級崩壊」などに至るケースもある。

また，子どもにとって教師が将来の職業モデルになるものは少ない。宮沢康人（1992）は，近代以降の学校の困難の原因を，教師が子どもの職業モデルになれないところにあるとしている。19世紀前半の靴づくりの仕事をしながら，子どもたちの方をふりかえり，読み方を教えている絵を示して，これが徒弟制から近代の学校の教師への移行期を端的に示す構図であるとし，徒弟制の時は「同じ仕事を共有する先輩と後輩関係が成り立つ基盤」があり，それが「大人の権威を支える現実的基盤」であったが，「そういった関係をあてにできないところに，近代学校の教師の役割の難しさがある」と説明している。

(2) **教師タイプの変遷**

清水義弘（1993）は教職症候群として次の5つをあげている。「教師は子ども社会に安住する」「教師はお互いに競争しない」「教師は教えたがるが学ばない」「教師は人生を語らない，語れない」「教師は教室のなかの子どもしか知らない」。

図1-1は，教員のタイプが，教師の年齢とともにどのように移っていくかを，高校教師への調査から示したものである（武内，1983）。

高校教師のタイプは，第一に人間（生徒）好きか否か，第二に教職に自信や自負があるか否かによって，分類されることがわかる。その2つの分類軸を交差させることによって教師の四つのタイプが見いだせる。

「モラトリアム教師」（生徒好き・教職に自信なし），「スランプ教師」（生徒嫌い・教職に自信なし），「達観教師」（生徒嫌い・教職に自信あり），「円熟教師」（生徒好き・教職に自信あり）の4タイプである。

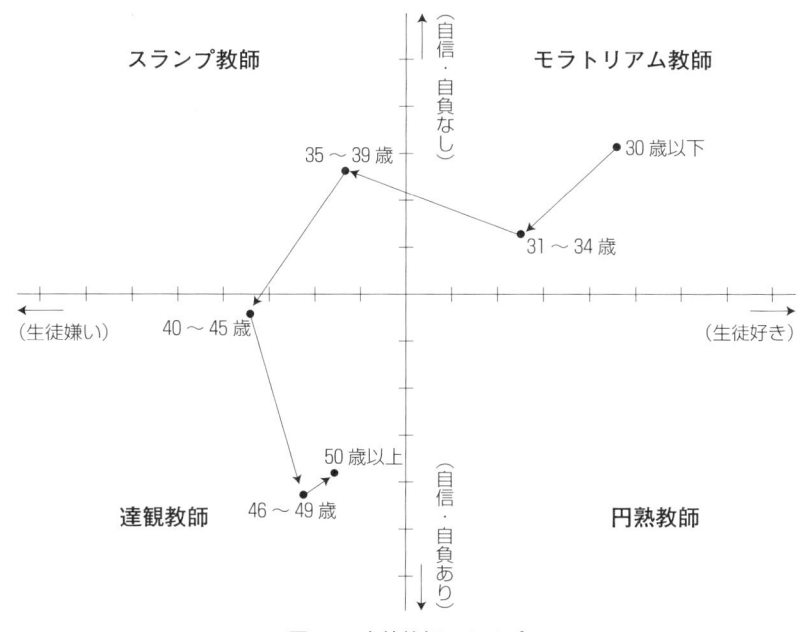

図1-1　高校教師のタイプ

出所）武内，1983.

　この図に，教師の年齢ごとの平均点を示すと，教師は，年齢を重ねるにつれ，生徒への親近感，親しみを失っていくことがはっきり示される。「モラトリアム教師」（20歳代・30歳前半）→「スランプ教師」（30代後半）→「達観教師」（40代，50代前半）→「円熟教師」（50代後半）という，移行である。教職への自信は，40代以降に持つようになるが，それは生徒との関係の良好さ，教育方法の円熟というよりは，管理職に就いたことからきている。

　教える子どもへの信頼，愛着というのは，教育の基本であるが，それを失わせるような状況が，今の学校制度のなかに存在することがわかる。

　子どもにとって，担任や担当教科の教師を選択する自由は与えられていない。担当になった教師のもとで勉強や活動を強いられる。教師の側で，さまざまな子どもに合わせることが求められている。

4 学級集団の特質

(1) 学級風土と授業分析

　学級はひとつの社会である。それは2つの次元からなる。ひとつは制度・役割の規範的次元であり，もうひとつは，個人・パーソナリティの次元である。学級においてはこの2つの次元の相互作用が行われ，学級風土（雰囲気）が形成される。それぞれの学級は，その組織的特質と教師のリーダーシップと子どものパーソナリティによって，独特の風土が形成される。

　学級風土を重視した授業分析がある。フランダース（Flanders, N.）らの授業分析がそれである。それは教室の授業で3分ごとに，誰のどのような発言（沈黙も含む）が優位だったかを記録していくものである（表1-1）。教師の間接的発言（表1-1の1～4）が，直接的発言（表1-1の5～7）より，生徒の自由度を認めた好ましいものとされる。学校において子どもは教師に指示されたり叱られたりすることなく，のびのびとすることは大事とされる。教師の子どもに対する温かい人間関係に価値を置き，子どもの精神の安定に配慮したものである。

表1-1　授業分析のカテゴリー

教師の発言	間接的影響	1	生徒の気持ちを受け入れる
		2	称賛し，勇気づける
		3	生徒の考えを受容し，使用する
		4	質問する
	直接的影響	5	講義する
		6	指示や命令を与える
		7	生徒を非難したり，教師の権威や行動を正当化する
生徒の発言		8	教師の指名による生徒の発言
		9	生徒の自発的発言
その他		10	沈黙と混乱

出所）Amidon & Hough eds., 1967, p.125.

この考え方は，認知的側面（知識の習得）より，感情的な側面（精神衛生）の重視される低学年の学級での授業に有効であろう。高学年になると，子どもの情緒的な側面だけでなく，認知的側面（学力）の向上が大事になってくる。子ども側から言えば，学校は楽しいだけの場ではなく，辛くても将来のために役立つことを学べる場であってほしいと思う。

(2) 共同体としての学級

　日本の学級は生活共同体で，教科指導以上に生活指導が重視される。休み時間も子どもと遊び，子どもと心を通わすことが大事とされる。生徒との信頼関係さえ得られれば，たとえ教え方が下手でも生徒はついてくると信じられている。しかし向山洋一（1985）は，医者と同じように，教師にも相手への思いやりだけでなく，プロとしての高度な（教育）技術が必要であるとしている。

　一方，アメリカの学級は子どもの学習の便宜のためと割りきり，共同意識は希薄である。アメリカの学校では多くの時間を同じクラスのメンバーと過すとしても，個人の時間割に従って科目を選択しており，子どもの教室の出入りが多い。教師は，子どもたちのやる気を高めるように授業でさまざまな工夫をする。よくできた子には景品（たとえばピザハットの券）を与える場合もある。授業外の子どもの面倒は他のスタッフ（カウンセラー等）に任せ，授業に専念する（武内，1996）。

　最近は，日本でも，ティーム・ティーチングや学校カウンセラーの導入など，学級王国（＝学級の閉鎖性）は崩れつつある。また子どもの意識は個人化しており，クラスの気の合う少数の友人との交友は大事にしても，学級全体での行事や一体感は希薄になっている。共同体としての学級は，個性化の時代にあって多かれ少なかれ変わる運命にある。

5　生徒集団，生徒のサブカルチャー

　生徒たちは，一日の多くの時間を学校で同世代と過ごすことによって，同じような感じ方や行動をとるようになる。それは，大人や教師から期待される生

徒らしい行動の場合もあるが（role-espectation），大人の期待とは無縁なものやそれに反するものもある。後者は，生徒のサブカルチャー（subculture）や反抗文化（contraculture）といわれるものである。

　生徒同士の相互作用から形成されるサブカルチャーは，遊び中心のものになることが多い（fun subculture）。成績優秀な生徒より，部活動で活躍する運動選手や人柄のよい生徒が，人気を博する。さらに，生徒たちはマンガやテレビ，映画，音楽，インターネットといったメディアに接し，時代の最先端のサブカルチャーを取り入れ，自分たちのものにしている（武内，1993）。

　学校や教師からの期待に反したり，それに反抗したりする反抗文化は，勉強や受験をめぐる競争で敗れた傷の連帯意識から形成されることが多い，あるいは，教師の中産階級的文化に，労働者階層の子どもの文化が反逆するというウィリス（Willis, P.E., 1977）的な見方もできる。労働者階級の子どもにとって，自分の親の生き方がモデルになっている。必死に勉強して，教師に取り入って，進学しても，机の前に座る退屈な仕事に就くだけである。それより親と同じような気ままな生き方の方がいい。学校の規則や教師の言いつけは守るに足りない。教師に取り入る生徒は，「耳穴っ子」と呼ばれ軽蔑される。

　生徒たちは，役割期待やサブカルチャーや反抗文化を内面化して，一貫的な行動をとる場合だけでなく，さまざまな生き残り戦略（survival strategy）をとり，その場その場の状況に適応していく場合もある。

❻ 社会格差と子ども

　教育の機会均等は憲法や法律でも規定され，学校は子どもたちを平等に扱い，教師は子どものえこひいきはしないことが教師倫理になっていて，子どもたちは生まれや出身に関わりなく平等な教育が受けられるようになっている。

　しかし，実際は育った家族や親の教育方針によって，子どもの受ける教育には格差が生じている。とりわけ，学校外の教育，つまり塾やお稽古に通う率には，親の階層差が反映する（東京都，1999）。

　偏差値の高いエリート大学への入学には，私立の中高一貫校が有利になって

いて、その私立校への入学のためには、小学校の早い時期からの塾通いが必須になっている（Benesse 教育研究開発センター，2008）。

　そのような仕組みのなかで、親の経済的格差が教育を媒介にして子どもに伝達される。それを改善する試み（たとえば、公立小中校の学校選択、公立中高一貫校の設立、公立進学重点校の指定等）は、さまざまになされるようになっている。

　裕福な階層が子どもの教育に熱心になることは非難されることではない。能力や意欲の高い子どもが、親の経済的地位に関わりなく高い教育を受けることができる仕組み（国公立校の改善、奨学金制度など）をつくり、競争してお互いを高め合うことが必要である。

　一方、前述したように教育の中身は中産階級的であり、経済的に高い階層の文化と親和的であるが、経済的に高い階層の文化が経済的に低い階層の文化より優れているわけではないということにも注意を払いたい。

　低い階層の子どもが成績優秀で高いレベルの教育を受け、社会的地位が上昇することは、教育の機会均等からいって好ましいことである。しかし、そこにはもうひとつ、心理的なアイデンティティの問題も存在する。社会的な上昇を果たした人間は、自分の育った文化を否定した、また自分の出身の仲間を置き去りにした後ろめたさを感じる。

　その例として、芥川龍之介をあげることができるであろう。吉本隆明（1968, pp.145-158）は、次のようにその深層心理を説明している。

　「芥川龍之介は、中産下層階級という自己の出身に生涯かかわった作家である。この出身階級の内幕は、まず何よりも芥川にとって自己嫌悪を伴った嫌悪すべき対象であったため、抜群の知的教養をもってこの出身を否定して飛揚しようとこころみた」「これらの作品によって芥川が示しているのは、決して自分を下層庶民の境涯から脱出させようとしないで、放蕩によって無意味に生を蕩尽してしまう自己の血族に対する愛着と嫌悪である」「作品の形式的構成力は、作家にとって、自己意識が安定感をもって流通できる社会的現実の構造の関数である」「芥川が自己の作家的資質を捨て、おそらく出身コンプレックスに促されながら爪先立って人工的な構成の努力を支えた苦痛な作品であった」

　このように、芥川龍之介にとって、本来安定感を得る社会的現実とは、大川

の流れる下町であり，人はたとえ有名になり地位や権力を獲得しても，その人間の育ちで形成されたものは捨て去ることはできない。このような出身階層に規定されてのアイデンティティの問題は現代も続いている。

7 家庭，地域，学校と子ども

　親の高学歴化，家族の「教育家族」化に伴い，親の学校依存傾向は減少し，親が教育の主導権を握る傾向は増している。高学歴層にその傾向は強い。広田（1996）によれば，大正期に登場してきた「教育する家族」は，1960年代以降，あらゆる階層へ拡大していった。そして，「1970年代半ばころから次第に高まってきた，体罰や校則をめぐる学校批判の底流には，『教育する家族』の自立化と学校の従属化とがある」，「親こそ子どもの教育の責任者であるという観念」「親の強烈な教育する意思」が「教育する家族」の特質になっていると指摘する。

　子どもの教育に対する地域，家庭，学校の役割分担に対する意識は，時代とともに変遷してきている。現在，地域社会が果たしてきた教育機能が働かなくなり，親の意識が変わり，学校教育のあり方が再度問われている。

　近年アメリカでは，学校教育に不信をもつ親達によって子どもを学校にやらずに家で親が子どもの勉強をみるホームスクーリング運動や，教師や親が学校設置の認可（charter）を求め独自に運営，教育をするチャータースクール運動が盛んになっている。日本でもその影響を受け，学校選択やコミュニティ・スクール運動が起こっている。また，帰国子女や外国籍のニューカマーの子どもが増え，学校はその対応に追われている。

(1) ホームスクーリング

　アメリカを中心に各国で，子どもを学校ではなく親が家庭で教育するホームスクーリングが広がっている。それらは，現在の学校批判のひとつのあらわれでもある。また同時に，子どもを教育する新たな方法の提供でもある。現在，アメリカの各州は一定の年齢の子どもの就学を義務づけているが，子どもを家庭で教えるホームスクールについて，さまざまな条件を付けて認めるようにな

っている。授業時間の提出，標準テスト，親の教授資格が重要な要件である（メイベリーほか，1997）。

　親はなぜ子どもをホームスクーリングで育てたいと思ったのか。その理由として大きく２つある。第一は教育的理由で，子どもの内的な興味や創造性を重視し，自分のペースで自然に学ぶべきだと考えている。犯罪や麻薬のはびこる学校から子どもを守ることもできる。第二に，宗教的理由である。宗教を教育の基本と考える親は，親の信ずる宗教を基本に家庭で子どもに教えようとする。

　ホームスクールにおける教育方法は，さまざまである。学校のように１日の時間割を決めて，時間ごとに科目や活動を変えていく方法もある。このように短い時間で区切らず，好きなことを好きなだけやる場合もある。集団学習ではなく，一対一のインフォーマルな教育方法が，子どもの特性を生かす形で行われるのが特徴である。母親が教育を担当し自分の子だけを教えるケースが多い。他のホームスクール，教会，学校，図書館，教材組織といった地域社会の資源を利用することも多い。ホームスクーラーの向けの教材は，数多くあるホームスクール支援団体が充実したものを発行している。さらに，最近のインターネットの普及は，ホームスクールをやり易いものにしている。ホームスクールの教育効果については，危惧する声も少なくないが，伝統的な学校の生徒と比較して学力も社会性も問題がないという調査結果が多く出ている。

　このホームスクールは日本の現在の教育にどのような示唆を与えてくれるのであろうか。日本では，学校は神聖な場所であり，皆がいかなくてはならないところという「学校神話」が一般的である。不登校で悩む子の背後には学校化の意識がある。ホームスクールがアメリカのように法律的にも認められれば不登校問題を悪化させている「学校神話」はかなり崩れるであろう。つまり，教師という専門家が行う教育＝学校が唯一絶対と思っていた学校化された思想を脱構築＝揺さ振るものになる。また，教育における親の役割について再考を促すものになるであろう。

(2) 親の教育意識と子ども

　学校作りに親が参画しようとするためには，親の公教育への関心や信頼が高い必要がある。ところが，現在の日本では，生活や教育の私事化傾向が強く，社会の共同責任として次の世代を育てるという意識は低い。親は子どもや学校に対して問題を見出した時，他の親や教師と協力して問題を改善しようとすることなく，自分の子どもを塾に通わせたり，私立学校に通わせたりして，私的に解決をはかろうとすることが多い。とりわけ高学歴層に，私事化傾向が強い。

　子どもの学習塾への通塾率や私立学校への受験をすすめる層は，高い所得階層や学歴層に多い（東京都，1999）。「お受験は，学校側が『あるべき子ども像』を家庭に対して示す一方，家族はそれに合わせて入学準備教育を行なうという従属関係を認めることができる」といわれ，親の学校参加とはほど遠い（小針，2009）。

　親が学校運営や授業に参加し，子どもにとってよい学校に変えていこうという発想はさらさら生じない。学校や教師も親に学校行事へ援助，支援を頼むことはあっても，学校の運営や授業に親が口を挟むことをよしとはしない。私立学校もその点は変わらない。親の教育意識を聞く質問紙にも，「どの程度まで学校の運営や授業に関わりたいか」と質問がなされることはない。

　さらに，現在の親は，自分で子どもを教育する意思は強くても，教育する力があるかどうか疑問視せざるをえない面も多くある。第一に地域の支援がなく，都市化した環境のなかで孤立無援な子育てを強いられるのが現代の母親である。第二に現代の家庭は生産の場ではなく家庭は消費の場となり，さまざまな知識，技能，知識を学ぶ場ではなくなっている。第三に現在の親には，自分の受験競争の体験を子どもたちに再現する性向が刷りこまれている（お受験等）。第四に親の共働き，母親の自立志向，自己実現願望などが，子どもへの児童虐待，放置，放任傾向を生じさせている。

　学校は親や地域との関連をもちながら，時代とともにその制度的特質や内容（カリキュラム）を変容させてきた。その影響は，子どもたちに直に及んでいる。

　子どもたちにとって学校は，一日の多くの時間を過ごす場である。そこで将来の社会生活に必要な知識や技術が学ばれる。さらに，必要な道徳や価値が学

ばれる。授業だけでなく，先生との関係，友人関係，学校行事，部活動，さらには学校文化や潜在的なカリキュラムなどを通して，さまざまな学びと経験をする。社会階層や育ちや性（ジェンダー）の違う教師や友人とのまじわりのなかで，さまざまな葛藤を経験し，それをのりこえ成長する。

　以下の章では，学校の制度や文化や内容の特質とその子どもとの関わりを，さまざまな側面で考察する。

考えてみよう

① 学校に行かずに家で勉強するホームスクーリングが日本でも認められたら，あなたは，自分の子どもを教育する時，どうするだろうか。

② あなたが教師になったら，子どもとどのような関わりもつだろうか。

③ 理想的な学校とはどのようなものだろうか。

【引用参考文献】

石黒広昭，1994，「学校という場・授業という場」『授業研究』21，明治図書．
ウィリス，P.E., 1996，『ハマータウンの野郎ども』（熊沢誠・山田潤訳）ちくま学芸文庫（原著，1977）．
潮木守一，1974，「教育変動」麻生誠編『教育社会学』東京大学出版会．
小針誠，2009，『「お受験」の社会史：都市新中間層と私立小学校』世織書房．
志水宏吉，1990，「学校文化論へのパースペクティブ」長尾彰夫・池田寛編『学校文化深層へのパースペクティブ』東信堂．
清水義弘，1993，「現代教師のカルテ」『学校文化の社会学』福村出版．
外山滋比古，1997，『知的創造のヒント』講談社．
武内清，1983，「高校教師のタイプとライフサイクル」『モノグラフ高校生 '83』vol.10，福武書店．
武内清，1993，「生徒文化の社会学」『学校文化の社会学』福村出版．
武内清，1996，「アメリカの教育事情」『上智大学教育論集』30号．
武内清，1998，「ホームスクーリングから見た地域社会学校」『新・地域社会学校』ぎょうせい．
東京都生活文化局，1999，『大都市における児童・生徒の生活・価値観に関する調査報告書（第8回）』．
パーソンズ，T., 1985，『社会構造とパーソナリティ』（武田良三監訳，丹下隆一ほか訳）新泉社（原著，1964）．
日高敏隆，1976，『エソロジーとはどういう学問か』思索社．
フーコー，M., 1977，『監獄の誕生：監視と処罰』（田村俶訳）新潮社（原著，1975）．

広田照幸,1996,「家族―学校関係の社会史」『こどもと教育の社会学』岩波書店.
Benesse 教育研究開発センター,2008,『中学校選択に関する調査報告書』.
宮澤康人,1992,「学校を糾弾する前に」『学校の再生をめざして』東京大学出版会.
向山洋一,1985,『授業で腕をあげる法則』明治図書.
メイベリー,M. ほか,1997,『ホームスクールの時代』(秦明夫他訳) 東信堂 (原著,1995).
山本雄二,1995,「知の力」『教育現象の社会学』世界思想社.
山本雄二,1999,「義務としての登校拒否」古賀正義編『〈子ども問題〉からみた学校世界』教育出版.
吉本隆明,1968,「芥川龍之介の死」『吉本隆明全著作集7　作家論Ⅰ』勁草書房.
Amidon, E.J. & Hough, J.B. eds., 1967, *Interaction Analysis*, Addison-Wesley.
Young, M.F.D. ed., 1971, *Knowlege and Control*, Collier Macmillan.

第2章 部活動
―中高生の部活動への関わり方とその役割―

西島　央

1　はじめに

　部活動は，日本の中学校・高等学校を最も特徴づける活動だ。
　小学生は，小学校を卒業するときに中学校生活への期待として，どんな部活動に入ろうかと夢をふくらませる。中学生の保護者どうしは，「お宅のお子さんは何部？」と話しかけるのが知り合いになるきっかけとなる。高等学校の受験案内誌を見ると，教育目標や特徴的なカリキュラムと合わせて，必ずどんな部活動があるかが紹介されている。そして部活動がきっかけで自分のやりたいことを見つけたり，部活動の実績で高等学校や大学に進学したりすることもある。なにより，部活動は青春の代名詞だ。古くは「エースをねらえ！」や「タッチ」，最近では文化部を扱った「けいおん！」，「とめはねっ！　鈴里高校書道部」のように，男子向け，女子向けを問わず，マンガ雑誌では部活動を舞台に中高生の青春模様が描かれ続けてきている。
　しかし，部活動は評判のあまり芳しくない活動でもある。「学業と部活動の両立」がしばしば問題となるように，学校生活のなかで学業と二項対立的にとらえられるきらいがある。教師の多忙化の一因にあげられ，少子化や教師の高齢化の影響を受けて，顧問教師の異動をきっかけに休部や廃部に追い込まれる部が後を絶たない。
　部活動が，中高生にとっては学校生活の，または青春の大切な一場面である一方で，大人の側からは評判が芳しくないのはなぜだろうか。そもそも，部活動は中高生がスポーツ活動や文化活動をするだけの場にすぎないのだろうか。

それとも、もっと別の役割を果たしているのだろうか。

本章では、筆者をふくむ研究グループが実施した「2000年度中学生調査」「高校生調査」「2004年度中学生調査」[*1]の3つの調査データを用いて、第一に、「学業と部活動の両立」問題が本当に問題なのかを検討し、第二に、部活動の社会的な役割について2つの側面から考えていくことにしたい。

2　部活動の歴史的制度的変遷

部活動は中高生の学校生活の大きな一場面となっているのに、なぜ「学業と部活動の両立」が問題になったり、休部や廃部になったりするのだろうか。

実は、部活動は制度的にその位置づけや意義がはっきり示されたことはなかったのだ。では、どのような経緯でこれほどまでに盛んになってきたのだろうか。表2-1から過去の学習指導要領をたどりながら、学校教育のなかでの部活動の位置づけと意義を歴史的にみていこう。

(1) 児童・生徒の自主的な活動から学校の管理下へ

現在の部活動や特別活動といった、いわゆる教科外活動が教育課程に組み込まれた出発点は、1947年に始まる戦後新教育のなかで設けられた「自由研究」だった。もちろん戦前にもそのような活動があり、高校野球の前身の旧制中学校の野球大会のように、明治期・大正期の生徒・学生たちも自主的なスポーツ活動や学習活動を行っていた。それらの活動には、現在のいわゆる体育会文化につながる性格をもちあわせている側面もあった。

1947年の学習指導要領で「自由研究」は、小学校では4年生以上の教科として、中学校では選択教科として設置された。児童・生徒の自発的発展的な活動を促すため、各自の興味や能力に応じて、教科の活動では十分に行えない自主的な活動を、クラブ組織を作って行うことを目的としたもので、教師はそれを手助けするようなかたちで指導に携わるものだった。

だが、「自由研究」は1951年の学習指導要領で廃止され、教科外活動は、小学校では「教科以外の活動」、中学校や高等学校では「特別教育活動」という

表2-1 学習指導要領上の部活動・クラブ活動の変遷

学習指導要領の改訂		課内活動	課外活動
1947（昭和22）年	小	「自由研究」	
	中	「自由研究」	
1951（昭和26）年	小	「教科以外の活動」	
	中	「特別教育活動」	
	高	「特別教育活動」	
1958（昭和33）年	小	「特別教育活動」	
	中		
1960（昭和35）年	高		
1968（昭和43）年	小	**「必修クラブ」**	
1969（昭和44）年	中	**「必修クラブ」**	**「選択クラブ」（部活動）**
1970（昭和45）年	高		
1977（昭和52）年	小	**「特別活動」（クラブ活動）**	**「選択クラブ」（部活動）**
	中		
1978（昭和53）年	高		
1989（平成元）年	小	**「クラブ活動」**	
	中	（**「クラブ活動」**）⇔**「部活動」**	
	高	"部活代替制度"	
1998（平成10）年	小	**「クラブ活動」**	
	中	（廃止）	**「部活動」**
1999（平成11）年	高		
2008（平成20）年	小	**「クラブ活動」**	
	中	（廃止）	**「部活動」**
2009（平成21）年	高		教育課程との関連づけに留意

領域に，また1958年〜1960年の学習指導要領では，小中高揃って「特別教育活動」と改称された領域に位置づけ直された。その目標は，児童・生徒の自発的な活動を通して個性の伸長を図ることとされた。また，活動内容は，中学校では生徒会活動，クラブ活動，学級活動，高等学校ではホームルーム，生徒会活動，クラブ活動が挙げられた。このようにして，教科外活動は，学校の管理下に置かれる色合いを強めていったのである。

(2) クラブ活動と部活動の併存から，部活代替を経てクラブ活動の廃止へ

　その一方で，高校野球のような現在に通じる部活動というかたちでの活動も，戦前から脈々と引き継がれていた。このような動きをふまえて，その後三十年間にわたってみられることになる，学校教育のなかでのクラブ活動・部活動の位置づけ方の基本枠組みを示したのが，1968年～1970年の学習指導要領だった。そこでは「特別教育活動」と学校行事等を統合して，新たに「特別活動」が設置された。その際，小学校では4年生以上の児童が全員参加する「クラブ活動」が，中学校と高等学校では必修の「クラブ活動」が設けられて，選択クラブ，つまり「部活動」と二分された。それ以来，1998年～1999年版の学習指導要領が実施されるまで，時間割に組み込まれる教育課程内の「クラブ活動」と放課後の課外活動としての「部活動」が併存することになった。

　ところが，その際に部活動は，学習指導要領上の文言で詳しく説明されなかったため，制度的裏づけが十分に示されないまま，暗黙のうちに，生徒が主体的に希望する活動を，学校側が実質的には計画し，顧問教師を配置し，その責任下で指導するという体制で，活発に行われ続けていったのである。

　部活動が盛んになってきたことを背景に，1989年の学習指導要領改訂では，部活動への参加をもってクラブ活動の履修に替えられる部活代替措置が認められることになり，部活動は学習指導要領で言及された。部活動に全員参加しさえすれば，その学校でのクラブ活動を時間割の枠内から外してもよいという方策だった。この部活代替措置によって，時間割からはクラブ活動を外し，できるかぎりの全員加入を前提とした課外活動としての部活動体制が，日本中の多くの中学校や高等学校で採用されるようになった。これを機に，活動日数の少ないトレーニング部やボランティア部など，新たにつくられた部もあった。

　そして，1998年～1999年の学習指導要領改訂で，部活動の成熟ぶりや地域の社会教育等への参加者の増加という実状をふまえて，中学校と高等学校のクラブ活動は廃止され，部活動に関する言及もなくなった。

　しかし，部活動の成熟の背景には，クラブ活動の部活代替措置という制度的裏づけがあったことは否めない。また，部活動の地域との連携／地域への移行

は，思ったほど進まなかった。そのため，21世紀に入ってからの部活動は，制度的裏づけのないままに，生徒の期待に応えるべく，実態としては以前と変わらない状況で行われ続けることになった。制度的裏づけがなくなったことで部活動の裁量の自由度が増して，熱心にやりたい生徒や教師はますます力を入れて取り組めるようになったが，多くの場合は，部の運営と指導に不安定さを抱えながら，高齢化が進み，多忙極める教師の任意と善意に頼ってなんとか活動を成り立たせているのが，この数年の状況なのだ。

(3) 部活動の教育課程との関連づけへ

このような状況を受けて，2008年～2009年に出された中学校と高等学校の次期学習指導要領では，総則の「指導計画の作成等にあたって配慮すべき事項」のなかで部活動について以下のように言及された。

「生徒の自主的，自発的な参加により行われている部活動については，スポーツや文化及び科学等に親しませ，学習意欲の向上や責任感，連帯感の涵養等に資するものであり，学校教育の一環として，教育課程との関連が図られるよう留意すること。」

1947年の「自由研究」以来の教科外活動の歴史的経緯をふまえて，学校教育活動の一環として部活動の果たしてきた教育上の意義や役割が評価されるとともに，教育課程との関係が初めて具体的に示されたのである。

以上のように，部活動が盛んになった背景には，教育課程内の「クラブ活動」との関わりがあったこと，一方で「学業と部活動の両立」が問題になったり休部や廃部になったりする背景には，教育課程との関連が明確に定められず，慣習と任意による活動だったことが指摘できるだろう。

③ 中高生の部活動への加入状況

部活動は，前節でみたような歴史的制度的経緯を経て盛んになってきたのだが，では実際にどのくらいの中高生が部活動に加入しているのだろうか。「2000年度中学生調査」「高校生調査」からみてみよう。

(1) 中学生の9割，高校生の7割が部活動に加入

　中学生の部活動加入率は，「2000年度中学生調査」の全体では87.8％で，男女の間にめだった差はみられなかった。しかし，**表2-2**から都県別にみてみると，部活代替を行っていた東京都や静岡県などでは9割以上が加入していたのに対して，多くの中学校がクラブ活動を行い，部活動へは自由加入だった鹿児島県では68.4％と，3人に2人しか部活動に加入していない。中学生の部活動加入率の高さは，部活代替という制度の延長にあったことがわかる。

　高校生の部活動加入率は，「高校生調査」の全体では68.0％，男子は63.5％，女子は73.9％が加入していた。引退などで退部済みの生徒を加えると，高等学校で部活動加入経験のある生徒は82.7％だった。**表2-2**から都県別学校タイプ別にみてみよう。高等学校でも部活動加入を基本的に義務づけてきた静岡県ではどの学校タイプでも8割以上の高い加入率だが，新潟県では学校タイプにかかわらず5割前後にとどまっている。東京都では普通科Aの75.4％から専門学科の32.8％まで学校タイプによって大きな違いがみられる。一般に高校生の部活動加入率は7割程度といわれているが，都県によって，また学校タイプによって加入率は大きく異なっているのである。

表2-2　都県別・学校タイプ別部活動加入経験率

(％)

	2000年度中学生調査	高　校　生　調　査		
		普通科A	普通科B	専門学科
東　京	91.5	75.4	56.1	32.8
静　岡	97.0	95.1	84.7	89.6
新　潟	96.6	57.7	52.3	44.6
岐　阜	88.3			
島　根	97.0			
高　知	81.7			
鹿児島	68.4			

注1）学校タイプは，普通科・専門学科の区別に加えて，普通科については，公立中学校出身者の中学校3年次のクラス内成績の平均値と最頻値より，上位校を「普通科A」，下位校を「普通科B」とした。

(2) 男子は運動部，女子は文化部

では，運動部，文化部への所属の割合はどうなっているのだろうか。図2-1のように，中学生の場合，男子は90.6％と大半が運動部なのに対して，女子は65.6％が運動部で34.4％が文化部と，男女で傾向がはっきり異なっている。高校生でもその傾向はみられ，男子は学校タイプにかかわらず7割強が運動部なのに対して，女子は文化部の割合が普通科Aで5割弱，普通科Bと専門学科で6割台と，文化部所属者のほうが多くなっている。運動部・文化部への所属の割合には，学校規模や地域性，伝統のある部や大会・コンクールの実績などの学校の雰囲気，学校の指導体制が影響していると考えられる。たとえば，学校規模では，小規模校のばあい，たくさんの部活動を設置できないので，男子は全員野球部，女子は全員吹奏楽部に加入することになっていたり，全生徒数が10人に満たないようなばあい，卓球部しかなく，全生徒が加入することになっていたりしている例もみられる。高等学校で特に女子の文化部所属者が多くなる背景として，学校規模が多くなり，さまざまな部を設置できることや女子校に文化部が多いことが挙げられよう。

日本の中学校・高等学校を特徴づける部活動といっても，すべての中高生が全国どこでも同じように行っているわけではない。部活動加入率や運動部・文

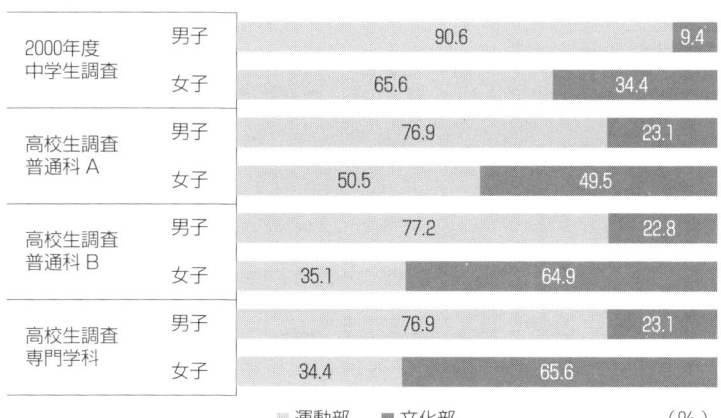

図2-1　男女別運動部・文化部の割合

化部比率は，部活代替制度の採用の有無，地域性，学校規模，伝統などによって違っていて多様な実施状況にあるのである。

❹ 「学業と部活動の両立」問題

中高生があまり部活動に熱心になりすぎると，保護者や教師は「部活動ばかりしていないで，少しは勉強しなさい」と叱ったり指導したりする。また，中高生向けの新聞や雑誌などでもしばしば「学業と部活動の両立をどうするか」という趣旨の特集記事が組まれたりする。

このように部活動が学業と二項対立的に位置づけられ，否定的に語られるのは，第2節でみたように，部活動が長らく教育課程外の活動であり，教育課程内の学業の妨げになるのではないかと懸念されているからだ。しかし，部活動は本当に学業の妨げになっているのだろうか。本節では「2000年度中学生調査」から，「学業と部活動の両立」問題が本当に問題なのかをみていこう。

(1) 部活動に積極的なほど学業にも積極的に取り組んでいる

部活動への関わり方の違いによって，学業への関わり方にどのような違いがみられるだろうか。「国社数理英の授業に積極的に参加しているかどうか」という授業態度，家庭学習時間，校内成績の3点を，部活動への関わり方別に図2-2～図2-4にまとめた。

授業態度は，図2-2のように，部活動に積極的な中学生の20.8％は授業にも積極的だが，部活動に消極的な中学生では11.0％しか授業には積極的でない。

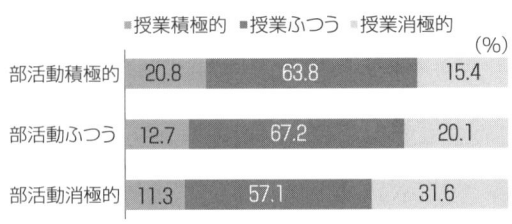

図2-2　部活動への関わり方別にみた授業態度

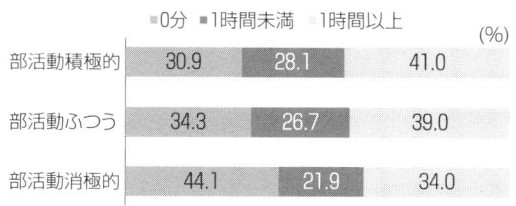

図2-3　部活動への関わり方別にみた家庭学習時間

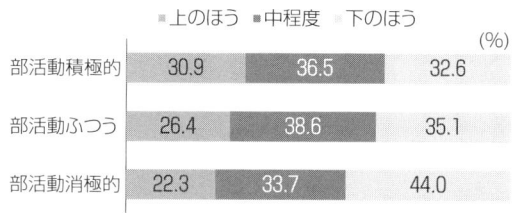

図2-4　部活動への関わり方別にみた校内成績

　家庭学習時間は，図2-3のように，部活動に積極的な中学生の41.0％が家庭で1時間以上勉強しているのに対して，消極的な中学生では34.0％しか1時間以上勉強していない。また，家庭でまったく勉強していない割合は，部活動に積極的な中学生では30.9％なのに対して，消極的な中学生では44.1％にも上っている。校内成績は，図2-4のように，部活動に積極的な中学生では30.9％が「上のほう」なのに対して，消極的な中学生では22.3％にとどまっている。

　以上のように，部活動に積極的な中学生のほうが，授業にも積極的に取り組み，家庭でもがんばって勉強して，よい成績を取っている傾向がみられる。中高生からしてみれば，学業も部活動も学校でやっていることなので，どちらにも積極的に取り組もうとしたり，部活動をがんばったことがきっかけで学業にも積極的になったりその逆だったりというように，学業と部活動はむしろ相乗効果をもたらしあっているのだ。もちろん，部活動に積極的になりすぎたばかりに，授業に消極的になったり，家庭で勉強しなかったり，校内成績が芳しくなかったりする中高生もいる。しかし，「学業と部活動の両立」問題は，そういう一部の事例による印象論にすぎなかったのである。

⑤ 居場所としての部活動

　中高生たちは，部活動の何を楽しみに活動に参加しているのだろうか。また，活動を通してどんなことを期待しているのだろうか。本節と次節では，「2004年度中学生調査」をもとに，中学生の部活動への関わり方や期待することから読み取れる部活動の社会的な役割について考えていこう。

(1) 部活動には友だちと過ごすこと，友だちをつくることが期待されている

　図2-5は，中学生に「部活動で楽しみにしていることは何か」を尋ねた結果である。実は同じ趣旨で「中学生が何を部活動の楽しみにしていると思うか」という質問を，中学校の運動部の顧問教師に尋ねたことがある[*2]。その結果，「友だちとのおしゃべり」を楽しみにしていると考えている顧問教師は5.6％にすぎなかったが，実際には30.9％と，3人に1人の中学生が「友だちとのおしゃべり」を楽しみに部活動に参加していた。

　このことは，中学生が部活動に期待していることとも連動している。図2-6は，部活動に加入している中学生と，地域の社会教育施設や民間企業などの学校外活動に加入している中学生に，それぞれの活動に何を期待しているかを尋ねた結果だ。「好きなことが上手くなる」や「礼儀正しくなる」は，部活動も学校外活動も同程度に期待している。それに対して「仲のよい友だちができる」では，部活動に期待する割合のほうが16ポイントも多い。つまり，部活動は，ス

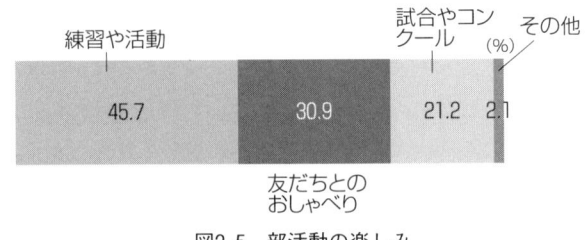

図2-5　部活動の楽しみ

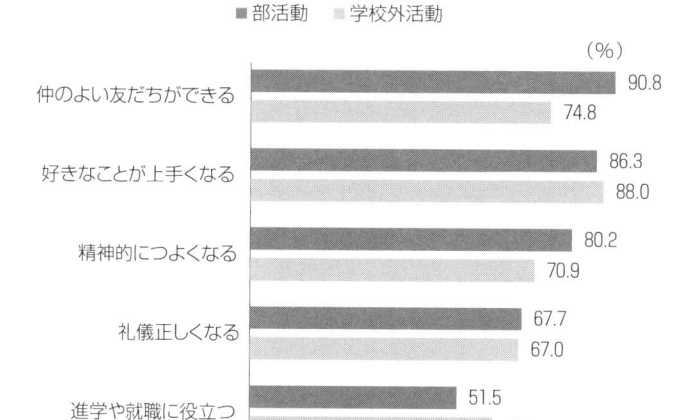

■ 部活動　■ 学校外活動

仲のよい友だちができる　90.8／74.8
好きなことが上手くなる　86.3／88.0
精神的につよくなる　80.2／70.9
礼儀正しくなる　67.7／67.0
進学や就職に役立つ　51.5／60.5

図2-6　部活動と学校外活動への期待

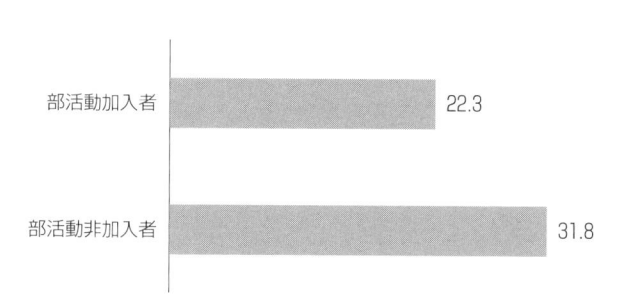

部活動加入者　22.3
部活動非加入者　31.8

図2-7　部活動加入非加入別にみた放課後ぶらぶらする時間（分）

ポーツや文化活動をすること，好きなことが上手くなることだけが期待されている役割ではなく，その活動を一緒にしながら友だちと過ごしたり友だちをつくったりすることもまた重要な役割として期待されているのだ。

　部活動に期待されている，友だちと一緒に過ごす場という役割は重要な意味をもちそうだ。図2-7は，部活動加入者と非加入者に分けてみた「放課後ぶらぶらする時間」の平均時間である。部活動非加入者が放課後ぶらぶらする時間は31.8分で，加入者よりも約10分長い。ぶらぶらすることのない中学生もふくめた平均時間なので，一人ずつのぶらぶらする時間で考えれば，部活動非加入者は加入者より30分とか1時間とか長くぶらぶらしていることになる。部活動

に参加していれば，放課後も一定の時間まで居場所があって，そこで友だちとスポーツをしたり文化活動をしたりできるが，部活動非加入者は，家に帰るまでのまだ明るい放課後の時間帯を過ごす居場所がなくて，ぶらぶら過ごすことになってしまっているのではないだろうか。

このように，部活動は，中高生が昼過ぎまで授業を受けていた学校で，その仲間とスポーツをしたり文化活動をしたりして，暗くなって家に帰るまでの時間を過ごすことのできる居場所の役割を果たしていると考えられるのだ。

(2) 部活動は中高生の〈趣味縁〉的コミュニティ形成の役割を果たしている

では，居場所としての部活動にはどんな意味があるだろうか。そもそも私たち人間は集団＝コミュニティをつくって生活している。伝統的な社会では，血縁や地縁をもとにコミュニティをつくっていた。また，人が集まる場やきっかけとしては，教会や神社などとそれらのお祭りなど宗教的な場や象徴が用いられてきた。日本では明治以降の近代的な社会では，ある組織や制度をもとにコミュニティをつくるようになった。その典型例が学校である。学校にはその地域の子どもたちが通い，運動会などの学校行事には地域の人も集まってきた。しかし，学校も選択的になってきた今日では，コミュニティの核となる場として期待できるのが，スポーツや文化活動をする場ではないだろうか。藤田英典によれば，これからの共生的なコミュニティのあり方として，「好みや趣味の共通性を契機にしてできたグループや地域や地球への愛着を契機にしたグループ」のような「〈趣味縁〉的関係」が志向されるという（藤田, 1991, pp. 239-243）。

居場所としての部活動は，まさに中高生にとっての〈趣味縁〉的コミュニティ形成の役割を果たす場になっているといえるだろう。

6 「文化の格差」を縮減する部活動

部活動で行う活動が，一般的にスポーツや音楽や美術などの趣味的な活動で

あることをふまえたとき，それは，放課後に好きなスポーツや文化活動をしているというだけにはとどまらない。スポーツや文化活動をする場は地域の社会教育施設や民間企業等の学校外活動にもあるが，部活動は，希望するすべての中高生に対して，スポーツや文化活動を享受する機会を提供しているという側面ももっている。しかし，第2節でみたように，学習指導要領では部活動は教育課程外の活動であり，それぞれの学校の教育方針として部活動に加入するように指導している場合はあるかもしれないが，制度的には自由参加の活動である。それゆえ，第3節でみたような加入率になっているのだ。

では，誰が部活動に加入していて誰が加入していないのだろうか。また，誰が部活動というスポーツや文化活動の機会を必要としているのだろうか。「2004年度中学生調査」をもとに，学校外教育と部活動への加入に与える家庭背景の影響から読み取れる部活動の社会的な役割について考えていこう。

(1) 学校外活動には家庭背景に恵まれているほど，部活動は家庭背景によらず加入

学校外活動と部活動に加入している中学生の家庭背景を，図2-8，図2-9からみてみよう。中学生の家庭にある経済財の数から経済的背景を「上」「中」「下」の3つのグループに分けたうえで，それぞれのグループの学校外活動と部活動への加入率を示した。図2-8のように，学校外活動への加入率は，経済的背景が「上」で48.7％，「中」で34.2％，「下」で25.6％と，経済的に豊かな家庭の中学生ほど高くなっている。一方，部活動への加入率は，図2-9のように「上」「中」「下」のいずれも80％台後半と，家庭の経済的背景の違いによら

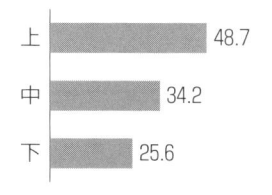

図2-8　家庭の経済的背景別学校外活動加入率（％）
- 上　48.7
- 中　34.2
- 下　25.6

図2-9　家庭の経済的背景別部活動加入率（％）
- 上　87.3
- 中　85.7
- 下　89.2

ず加入している。

このように，学校外活動に加入してスポーツや文化活動をできるかどうかは，家庭の経済的背景の影響を受けているのに対して，部活動は，スポーツや文化活動をしたい中学生なら誰でも加入できるのである。

(2) 家庭背景に恵まれていると両方加入，恵まれないと部活動のみ加入

学校外活動と部活動への加入状況と家庭背景の関係をさらに深く検討してみよう。学校外活動と部活動への加入状況から中学生を①両方加入，②学校外のみ加入，③部活動のみ加入，④両方非加入の4つの群に分けた。そして，家庭の経済的背景別に4つの群の割合をみたのが図2-10である。また，図2-11は，中学生の親のスポーツや文化活動への参加状況の多寡を3分類して，親のスポーツ・文化活動状況別に4つの群の割合をみたものである。図2-10から経済的背景の影響をみると，「上」では，両方加入群が40.7％，部活動のみ加入群が47.3％なのに対して，「下」では，両方加入群は21.2％にすぎないが，部活動のみ加入群は67.3％と3倍以上いる。また，図2-11から親のスポーツ・文化活動状況の影響をみると，「多い」では，両方加入群が35.0％，部活動のみ加入群

■両方加入 ■学校外のみ加入 ■部活動のみ加入 ■両方非加入

	両方加入	学校外のみ加入	部活動のみ加入	両方非加入
上	40.7	7.4	47.3	4.7
中	26.5	7.5	59.1	6.9
下	21.2	4.5	67.3	7.1

図2-10　家庭の経済的背景別活動加入状況（％）

■両方加入 ■学校外のみ加入 ■部活動のみ加入 ■両方非加入

	両方加入	学校外のみ加入	部活動のみ加入	両方非加入
多い	35.0	10.1	49.2	5.7
中程度	26.3	5.3	62.2	6.1
少ない	26.4	5.4	61.5	6.8

図2-11　親のスポーツ・文化活動状況　別活動加入状況（％）

が49.2％なのに対して，「少ない」では，両方加入群は26.4％にとどまる一方，部活動のみ加入群は61.5％に上っている。

　以上から読み取れることは，家庭環境に恵まれているほど学校外活動にも部活動にも加入する中学生が多くなり，恵まれていない中学生は学校外活動には加入しない傾向がみられ，部活動のみに加入しているということである。つまり，部活動は，中高生に対して，好きなスポーツや文化活動を享受する機会を家庭環境によらず平等に提供する役割を果たしていると考えられるのだ。

(3) 部活動は「文化の格差」を縮減する役割を果たしている

　では，スポーツ・文化活動を平等に享受する機会としての部活動にはどんな意味があるのだろうか。昨今，教育の格差が問題とされているが，その際よく指摘されるのは，経済格差や親の学歴格差が子ども世代に受け継がれてしまうことである。しかし，かつてフランスの社会学者ブルデューが，親の社会的な地位が子どもに引き継がれるのは，経済的な裕福さよりも文化的な経験やそれを通して身につける振る舞い方や習慣によるとする「文化的再生産」という考え方を論じた（ブルデュー，1990；ブルデュー＆パスロン，1991）。

　この考え方に従えば，スポーツ・文化活動を平等に享受する機会としての部活動は，中高生が学校教育活動の一環として少なくともひとつはスポーツや文化活動を享受することができる場であり，経済的背景やスポーツや文化活動に対する志向の違いに基づく親世代の「文化の格差」を縮減できるという重要な役割を担っていると考えられるだろう。

7　おわりに

　本章では，日本の中学校・高等学校を特徴づける活動である部活動について，第一に，学業の妨げになるものではなく，「学業と部活動の両立」問題は印象論にすぎないこと，第二に，中高生の居場所として〈趣味縁〉的なコミュニティ形成の役割や，スポーツ・文化活動を平等に供する機会として「文化の格差」を縮減する役割を果たしていることを，3つの調査データから明らかにした。

次期学習指導要領では，教育課程との関連づけが明記され，部活動の役割はますます大きくなり，変わっていくだろう。筆者はもちろんのことだが，読者のみなさんにも，これからの部活動が子どもたちの育ちにどのような役割を期待され，どのようにその役割を果たしていくか，関心を持ち続けていただきたい。

考えてみよう

① 「学業と部活動の両立」が問題ではないといっても，部活動を積極的にすれば勉強もできるようになるわけではない。二項対立的にならない学業と部活動の関係をつくるには，どのような部活動指導をすればよいだろうか。

② 部活動は「文化の格差」の縮減という役割を果たしている。しかし，その一方で，家庭環境に恵まれていれば学校外活動，恵まれていなければ部活動，という棲み分けを作り出す危険性もある。その弊害をなくしていくには，どのようなスポーツ・文化活動のあり方が考えられるだろうか。

【注】

1　3つの調査の概要は，表2-3のとおりである。

表2-3　本章で使用する調査の概要

i. 2000年度中学生調査	・調査対象地域	東京・新潟・岐阜・静岡・島根・高知・鹿児島。
	・調査対象学年	2年生。
	・調査実施時期	2001年3月（2000年度）。
	・サンプル数	公立中学校34校，私立中学校1校，合計35校の4,206名。
ii. 高校生調査	・調査対象地域	東京・新潟・静岡。公立高校の1つの学区を軸に，同区域周辺の私立高校もふくめて調査対象校を選定。
	・調査対象学年	2年生。
	・調査実施時期	2002年2～3月（2001年度）。
	・サンプル数	公立高校23校，私立高校8校，合計31校の4,784名。
iii. 2004年度中学生調査	・調査対象地域	東京・新潟・静岡・島根・鹿児島。
	・調査対象学年	2年生。
	・調査実施時期	2005年2月（2004年度）。
	・サンプル数	公立中学校15校の1,995名。
	・備考	2000年度中学生調査との比較可能な1,062名を対象に分析する。

2 「部活動の指導・運営に関するアンケート」，2007年7月実施，東京，静岡，新潟の中学校運動部顧問教師705名（回収率38.0％）回答。

【引用参考文献】

藤田英典，1991，『子ども・学校・社会』東京大学出版会．
西島央編著，2006，『部活動』学事出版．
ブルデュー，P.，1990，『ディスタンクシオンⅠ，Ⅱ』藤原書店．
ブルデュー，P.・パスロン，J.C.，1991，『再生産』藤原書店．

第3章 道徳教育
―その現状と課題―

冨江 英俊

1 はじめに

　「道徳教育」…そう聞いて，あなたはどんなことを思い浮かべるだろうか？ある人は，小学校や中学校の時に受けた，道徳の授業を覚えているであろう。「難しそう」「堅苦しそう」といったイメージをもった人もいると思う。または「今の若者には重要だ」という意見をもつ人もいるかもしれない。あるいは，このようなことを考える以前の段階として，「よくわからない」「知らない」としかいえない，という人も多いのではないか。

　さまざまな印象をもたれる道徳教育だが，それだけ曖昧なものであり，だからこそこれからの日本の教育を考えるうえで重要なものといえるのである。

　道徳教育を考えるにあたって，本章では学校での道徳教育に限定して取り上げていくことにする。家庭や地域社会も，もちろん道徳教育の重要な場であるのだか，やはり学校における道徳教育をまずとらえる必要があると考えるのである。本章は以下のような構成となっている。学習指導要領における道徳教育の概要を最初に説明し，次に道徳教育の現状をアンケート調査から考察する。そのうえで，近年の教育基本法改正や学習指導要領改正をふまえつつ，これからの道徳教育のあり方について考えていくことにする。

② 道徳教育のしくみ

(1) 道徳教育の目標と内容

　道徳教育の基本的な事項は，学習指導要領に規定されている。国語や数学などの教科においては，学習指導要領において，その教科の内容としてめざすべき目標や，扱う内容が規定されている。道徳は教科ではないが，同様に目標や内容が規定されているのである。道徳教育の目標は，以下のとおりである。

　　道徳教育は，教育基本法及び学校教育法に定められた教育の根本精神に基づき，人間尊重の精神と生命に対する畏敬の念を家庭，学校，その他社会における具体的な生活の中に生かし，豊かな心をもち，伝統と文化を尊重し，それらをはぐくんできたわが国と郷土を愛し，個性豊かな文化の創造を図るとともに，公共の精神を尊び，民主的な社会及び国家の発展に努め，他国を尊重し，国際社会の平和と発展や環境の保全に貢献し未来を拓く主体性のある日本人を育成するため，その基盤としての道徳性を養うことを目標とする。

　あるべき市民の姿を端的に表した，格調高い文言が並んでいるといってよいであろう。
　次に，道徳教育の内容についてみる。扱う内容は，学習指導要領において「内容項目」という形で規定されている。小学校低学年で16，中学校で24の内容項目がある。この内容項目は，次の4つの視点に分類されているのである。

1. 主として自分自身に関すること
2. 主として他の人とのかかわりに関すること
3. 主として自然や崇高なものとのかかわりに関すること
4. 主として集団や社会とのかかわりに関すること

　具体的な項目を見ると，表3-1のようになっている。学習指導要領の内容項目から，主要な文言を抜き出して提示した。
　道徳の時間に出てくる教材は，この学習指導要領の内容項目に沿って作られ

表3-1 学習指導要領の内容項目

1 主として自分自身に関すること (1) 望ましい生活習慣　心身の健康　節度・節制　調和のある生活 (2) 高い目標　希望・勇気　強い意志 (3) 自律の精神　自主的　誠実・責任 (4) 真理・真実　理想の実現 (5) 自己の向上　個性　充実した生き方
2 主として他の人とのかかわりに関すること (1) 礼儀　適切な言動 (2) 人間愛の精神　思いやりの心 (3) 友情の尊さ (4) 異性についての正しい理解 (5) 個性や立場の尊重　寛容の心 (6) 善意や支えへの感謝
3 主として自然や崇高なものとのかかわりに関すること (1) 生命の尊さ　生命の尊重 (2) 自然愛護　豊かな心　人間の力を超えたものに対する畏敬の念 (3) 弱さや醜さを克服する強さや気高さ　人間として生きる喜び
4 主として集団や社会とのかかわりに関すること (1) 法やきまりの遵守　自他の権利　社会の秩序と規律 (2) 公徳心　社会連帯の自覚 (3) 正義　公正・公平　差別や偏見のない社会の実現 (4) 集団の意義　役割と責任　集団生活の向上 (5) 勤労の尊さや意義　奉仕の精神　公共の福祉と社会の発展 (6) 父母，祖父母への敬愛の念　家庭生活 (7) 教師や学校の人々に敬愛の念　よい校風の樹立 (8) 郷土愛　先人や高齢者に尊敬と感謝の念　郷土の発展 (9) 愛国心　国家の発展　優れた伝統の継承　新しい文化の創造 (10) 世界の中の日本人　国際的視野　世界の平和と人類の幸福

ているのである。たとえば，道徳の副読本に載っている文章や，NHK教育テレビで放送されている道徳教育の番組のストーリーは，この内容項目のどれかに当てはまるような内容が入っているのである。

(2) 教育活動全体での道徳教育

　次に，道徳教育の場について考えていくことにしよう。道徳教育といえば，小中学校で週に1時間実施されている「道徳の時間」のイメージが強いであろう。しかし，実は道徳教育とは「道徳の時間」に限られるものではない。学習指導要領には，次のような記述がある。

学校における道徳教育は，道徳の時間を要（かなめ）として学校の教育活動全体を通じて行うものであり，道徳の時間はもとより，各教科，外国語活動，総合的な学習の時間及び特別活動のそれぞれの特質に応じて，児童の発達の段階を考慮して，適切な指導を行わなければならない。

　つまり，「学校での教育活動のすべてが，道徳教育そのものだ」ということである。たとえば，球技大会という学校行事があった時に，クラスのみんなで励まし合いながら一致団結してプレイしたとする。とすれば，道徳の内容項目にある「友情・信頼」について，生徒が感じたり考えたりすることがあったことになり，立派な道徳教育とみなせる。球技大会とは，学校行事であるから特別活動の一部になるが，遠足，修学旅行，文化祭などその他のさまざまな行事においても「節度ある生活態度，自律・自制」「友情・信頼」「役割と責任の自覚」などの内容項目について，道徳性を育むことであろう。各教科の学びについても同様に，道徳教育と密接に関係する。たとえば社会科の時間で，差別や人権のことについて学べば，それは「公正・公平，正義」に密接に関連する。また英語の時間で，外国の文化について学べば，「国際理解・親善，人類愛」と関わる，といったように普段の学校で行われている教育活動は，すべてのことが道徳教育に結び付くのである。

　押谷（1999）は，「総合単元的な道徳学習」を提言している。押谷は，総合単元的な道徳学習を「子どもが道徳性を育む場を総合的にとらえ，各教科や特別活動，総合的な学習の時間等の特質を生かして行われる道徳的価値にかかわる学習を，道徳の時間を中心に有機的なまとまりをもたせて，道徳教育を計画していくこと」としている。学校における教育活動全体で，道徳教育を行うというひとつの考え方であるといえよう[*1]。

③ 道徳教育の現状 ——2つの調査からの考察——

　ここまでみてきたようなしくみで学校における道徳教育は行われているのであるが，実際にはどのように実施されているのか。道徳の時間の授業の現状について，本章では2つの調査からみていくことにしよう[*2]。ひとつは，文部

科学省が2003年度に実施した「道徳教育推進状況調査」であり，もうひとつは筆者が2006年に行った大学生を対象としたアンケート調査である。

(1) 文部科学省の道徳教育推進状況調査

　本調査は，文部科学省が2003年に，全国の小学校・中学校に，調査したものである。調査対象校は，宗教をもって道徳に代替している私立の小・中学校を除いた，全国すべての国公私立の小・中学校である。小学校が23,092校，中学校が10,812校，計33,904校である[*3]。

　最初に，道徳の時間はどれだけ実施されているのかをみる。1年間において学校が授業を行うのは35週であるので，週1時間の道徳の時間は，年間で35時間実施するのが標準となる。本調査によれば，2002年度において，小学校では82.0%，中学校では59.1%が，年間35時間以上道徳の時間を実施している。中学校において，約4割の学校が週に1度の道徳の時間が実施できていないことになっているのである。

　年間35時間を下回った場合，何に振り替えたかについては，小学校では「教科の指導に充てた」が40.0%・「学級活動に充てた」が30.9%で，この2つを合わせると70.9%を占めている。中学校では「学級活動に充てた」が38.8%・「学校行事に充てた」が37.8%で，この2つを合わせると約76.6%を占めた。つまり，時間割上では，週に1回の道徳の時間があるが，実際にはそれ以外の時間になっていることも多いのである。

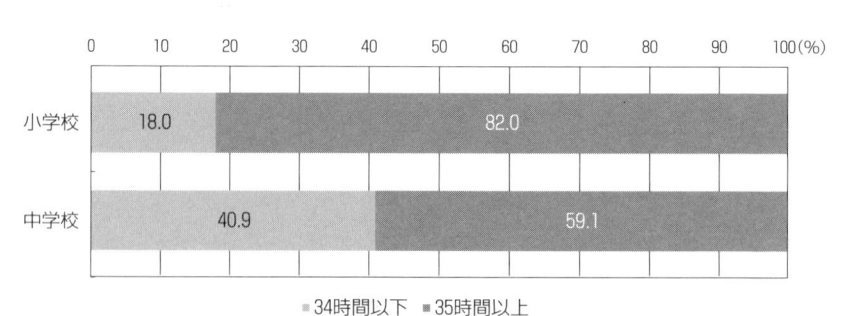

図3-1　道徳の時間　年間実施時数

この調査では，道徳の授業の内容についての質問が多くあるが，ここではどのような教材が用いられているかについて触れておく。最も多いのは文部科学省が発行している「心のノート」[*4]で，小学校が97.1％・中学校が90.4％となっている。次が「民間の教材会社で開発・刊行した読み物資料」(いわゆる副読本)で，小学校が81.5％・中学校が70.8％となっている。道徳の授業で使うものといえば，「心のノート」と「副読本」が定番であるといえよう。

(2) 大学生を対象としたアンケート調査

　ここまで紹介した文部科学省の調査は，教育委員会・学校を通して行った調査であり，いわば「授業をする側」から見た実態であるが，一方の「授業を受ける側」からはどのような実態となっているのか。この点について，筆者が大学生を対象として，中学校時の道徳授業について聞いたアンケート調査を，次に考察していく。

　本調査は，2006年11月〜2007年1月において，首都圏の大学2校と，関西圏の大学1校において行った。講義に出席している学生を対象に，教室での集団自記式で行い，有効回答数は564名である。ここで取り扱う調査項目は，中学校時(小学校時は含んでいない)の道徳授業の経験についてである。

　「道徳の授業をどれだけ受講したと記憶しているか」をみたものが図3-2であ

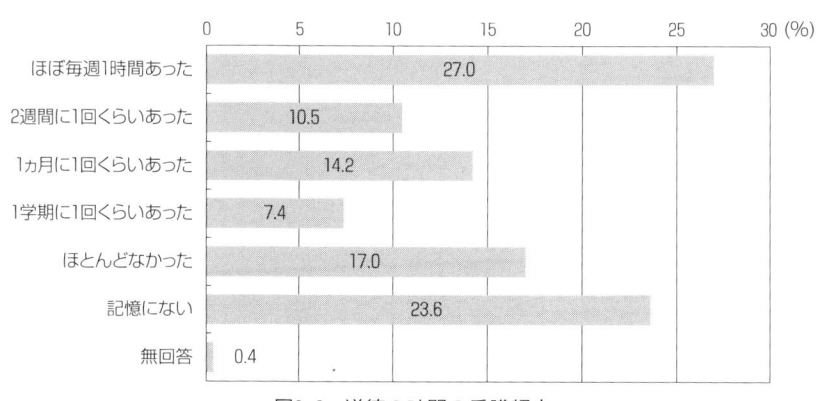

項目	％
ほぼ毎週1時間あった	27.0
2週間に1回くらいあった	10.5
1ヵ月に1回くらいあった	14.2
1学期に1回くらいあった	7.4
ほとんどなかった	17.0
記憶にない	23.6
無回答	0.4

図3-2　道徳の時間の受講頻度

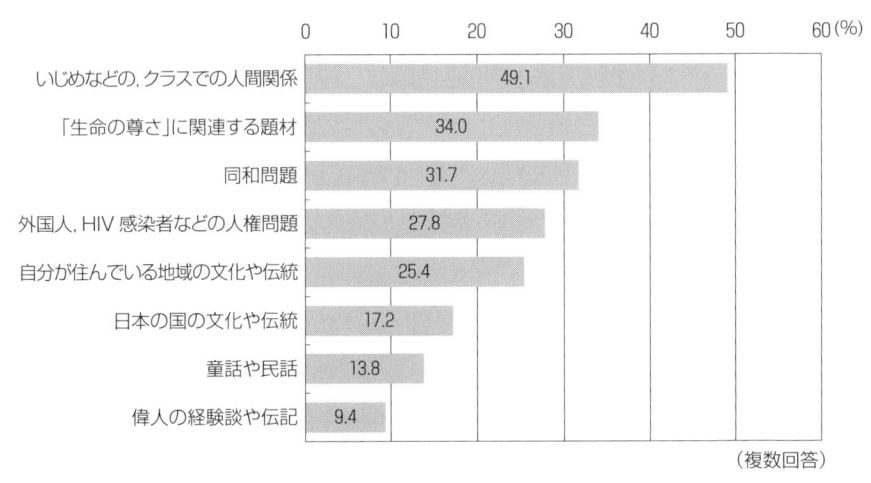

```
                    0    10    20    30    40    50   60(%)
いじめなどの,クラスでの人間関係                    49.1
「生命の尊さ」に関連する題材          34.0
          同和問題          31.7
外国人,HIV感染者などの人権問題        27.8
自分が住んでいる地域の文化や伝統      25.4
    日本の国の文化や伝統    17.2
          童話や民話    13.8
    偉人の経験談や伝記  9.4
                                              (複数回答)
```

図3-3 道徳の時間で取り上げられた内容

る。毎週あったという者は27.0％に止まり，「記憶にない」と「ほとんどなかった」で4割以上を占めている。

　調査のデザインの問題点はあり得るが，「授業をする側」からの文部科学省の調査に比べて，低調な実施状況となっている。筆者がいくつかの大学で，授業の受講者に中学校の道徳授業の経験を聞いても，「席替えをしました。」「修学旅行の班決めをしました。」といった特別活動の時間に替わったことをいう学生が多い。「え？　道徳（の授業）って，中学校にもあるんですか？　小学校だけじゃないんですか？」と真顔で聞き返す学生も少なくはなかった。

　次に，道徳の時間にどのような内容が取り上げられたかを検討する。道徳の時間に対する先行研究，学習指導要領に準拠した道徳の副読本や，道徳教育関係の資料などから，道徳の時間によく扱われていると考えられる内容を選んだ。それが，図3-3にある8つの内容である。各々の内容を扱った授業を受けたことがある者の割合を出した。取り上げられたと記憶している内容をすべて回答するという形なので，複数回答となっている。

　最も多いものは，「いじめなどの，クラスでの人間関係」であり，道徳の時

間が生徒指導や学級経営と密接に結びついていることが伺える。次に多いのは，同和問題や人権問題である。具体的な授業例として，自由記述欄に記されたいくつかの例を，以下に挙げておく。回答者の出身中学の都道府県名を付記してある。

・週1時間の道徳の時間は毎回「プロジェクトX」のビデオを見て，感想や意見を言い合っていた。（栃木）
・クラスであったいじめについて話し合った。（東京）
・クラスで不登校の女子がおり，その子がなぜそうなってしまったのかを全員で話し合いました。（大阪）
・道徳の教科書（正式には「副読本」…引用者注）があって，いつもその教科書を読む授業だった。読んだら，質問があってそれに答えて（自分の意見），何人かの人が発表するような形だった。（宮城）
・王貞治の自伝を読んで，努力することや下積み時代の重要性を見つけ，人としてどう生きていくべきかということを学んだ。（愛媛）
・部落問題で，実際に部落地域の人が学校に来て，差別されたりした体験を涙ながらに話していたこと。（大阪）

このような道徳授業を受けて，生徒は心を耕すことができたのであろうか。図3-4に掲げる4つの質問項目は，「道徳の時間」の典型的な「ねらい」「目標」であり，このような経験を生徒がすることが，望ましい道徳教育だとされてい

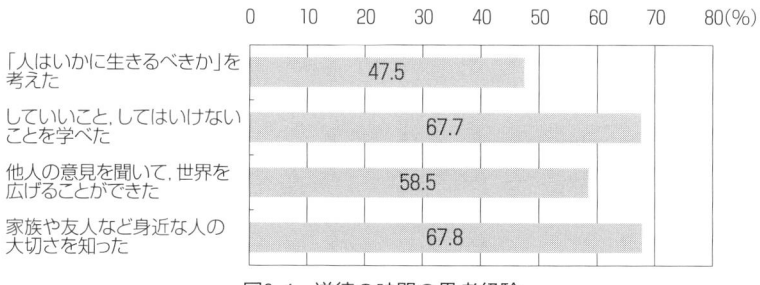

項目	割合(%)
「人はいかに生きるべきか」を考えた	47.5
していいこと，してはいけないことを学べた	67.7
他人の意見を聞いて，世界を広げることができた	58.5
家族や友人など身近な人の大切さを知った	67.8

図3-4　道徳の時間の思考経験

るのである。「道徳の時間での思考経験」と名づけ，「とてもあてはまる」と「まああてはまる」を足した割合を図に示した。経験した者は，おおむね5割弱〜7割弱となっている。

類似の内容を扱った，ベネッセ教育研究開発センターが2005年に行った「義務教育に関する意識調査」においては，小学生の50.4％・中学生の39.3％が道徳の時間を「好き」と答えている[*5]。

これらの調査結果から，道徳授業については，大まかな数値ではあるが，半数前後の生徒は楽しく感じて，それなりに思考をめぐらして，ためになっているととらえているといえよう。

4　教育基本法の改正と道徳教育

2006年12月に，教育基本法が改正された。文字通り教育の基本が変わったわけであるが，道徳教育にはどのような変化があったか。本節はこれを考察する。

改正教育基本法の第2章において示された教育の目標は，従来から規定されている個人の価値の尊重，正義，責任などに加え，新たに「公共の精神に基づき，主体的に社会の形成に参画し，その発展に寄与する態度」，「生命を尊び，自然を大切にし，環境の保全に寄与する態度」，「伝統と文化を尊重し，それらをはぐくんできた我が国と郷土を愛するとともに，他国を尊重し，国際社会の平和と発展に寄与する態度」を養うことなどが規定された。

2008年の学習指導要領改訂は，教育基本法の改正をふまえたものとなっているが，道徳教育においてもこの傾向がはっきりとしている。学習指導要領における道徳教育の目標においては，「伝統と文化を尊重し，それらをはぐくんできたわが国と郷土を愛し」，「公共の精神を尊び」，「他国を尊重し，国際社会の平和と発展や環境の保全に貢献し」といった，改正教育基本法とほぼ同じ文言が加えられたのである。新学習指導要領の他の主な変更点としては，道徳教育の内容項目の配列の入替・文言の変更，学校・学年段階ごとに道徳教育で取り組むべき重点の明確化，各学校における道徳教育推進教師の設置，情報化社会に対応するためインターネット上のモラルを扱うこと，などがあげられる。大

きな変更はなく，これまでの道徳教育のかたちが踏襲されていると考えてよい。

⑤ これからの道徳教育

　この教育基本法の改正・学習指導要領の改訂をふまえて，これからの道徳教育はどうあるべきなのか。筆者が特に重要と考える「旧来の二項対立からの脱却」と「宗教教育の必要性」の2点について，指摘しておくことにしたい。

(1) 旧来の二項対立からの脱却

　戦後の道徳教育の変遷を見ると，大きな前提として軍国主義的であった「教育勅語」「修身科」への強い否定があり，それと類似のものが道徳教育の政策として出てくるときには，警戒感がつきまとっていた。特に，特設「道徳」設置まではその傾向が強く，それ以降も大きな変化はなくトーンは変わらなかったと考えてよいだろう。「伝統文化の尊重」や「わが国と郷土を愛すること」が，教育の目標に加わった教育基本法改正に対して，「戦前の国家主義的教育への回帰」といった批判があるが，この批判も同様の文脈であるといえよう。また，道徳教育の将来像のひとつとして，「道徳の教科化」がさまざまな方面から提言されている。2008年の改訂では見送られたが，今後も議論の俎上に載ってくることは間違いないであろう。これについても，「戦前の修身科の復活」といった批判が絶えず付きまとっている。

　これらの論調が間違いというわけではないが，戦前と戦後，国家と個人といった単純な対立構図は，もはや一面的なものではないだろうか。いま要請されているのは，「右翼」と「左翼」，「個人」と「国家」といった二分法を超えることではないだろうか。道徳教育，あるいは道徳そのものについて，戦前と戦後を比較して，何が連続していて，何が断絶しているのかを率直に検討することが，大変重要であると考える。この検討は，あるべき道徳教育の姿を直接提示することはないとしても，これからの道徳教育についてひとつの指針となりえよう。

　そのひとつの手がかりとなるのが，デュルケム（Durkheim, É.）の『道徳教

育論』である。教育は社会やその内部の集団の秩序を維持する手段であるとして，道徳性の本質的要素として「規律の精神」と「社会集団への愛着」をあげている。前出の二項対立では，デュルケムのような論調は全体主義的・国家主義的ととらえられることもあった。しかし，デュルケムの主張は，国家や社会が個人より優先され，「押しつけ」が道徳教育だといっているわけではない。あくまでも個人が自分の意識で，社会の規範に従っているのである。デュルケムの教育論については，さまざまな研究があるが[*6]，個人の自律性と社会的連帯を，いかに高い次元で両立させるのかという，根源的なテーマを扱っている。教育基本法改正により愛国心の教育がクローズアップされている今日に，大変示唆的であることは間違いないであろう。

(2) 宗教教育の必要性

　もう一点，これからの道徳教育に是非とも必要なものとして，宗教教育をあげておきたい。「心の教育」「生命に対する畏敬の念」と密接に関連することとして，道徳教育のなかに宗教教育を取り入れるべきであると，太田（2008）や貝塚（2006）など，多くの識者が指摘している。どんなに科学技術が発展したとしても，「理屈では説明できない不思議なこと」は，われわれの普段の生活からなくならないであろう。「死んだ人は生き返らない」ことはその典型例である。この「不思議なこと」から，人間は自らの有限性（小ささ）を自覚し，「人間の力を超えたおおいなるもの」の存在を認識する。この「人間の力を超えたおおいなるもの」が宗教であり，それについての教育が宗教教育なのである。

　戦後の宗教教育を振り返ってみると，「戦前の国家神道の否定」がまずは強固にあり，今日までそれは続いている。しかし，「心の教育」の重視などの要因で，戦前の否定という単純な構図だけでは済まなくなり，何らかの形で宗教教育を従来よりさかんにすることは避けて通れない，という方向性が出てきたのである。

　今回の教育基本法改正において，宗教教育に関しては大きな変更がなかった。教育基本法第15条では，「特定の宗教のための宗教教育」は公立学校では禁止

されている。キリスト教・仏教といった特定の宗教のみを教えるのは禁止なのである。しかし，「宗教に関する寛容の態度」などについては，「教育上尊重されなければならない」としている。特定の宗派にとらわれない宗教教育，あるいは宗教的な情操の教育は，むしろ推進しているのである。

今日の学校現場では，「特定の宗派の教育」と「宗教的情操の教育」の違いはあまり意識されていないことが多い。その結果，文字通り「触らぬ神に祟りなし」ということで，宗教教育についての実践はかなり少ないとみてよい。科学を基本とした知識中心の教育に問題が山積しているなかで，今後さらに道徳教育に宗教教育を積極的に取り入れていくことが，大変重要であると考える。

❻ おわりに

以上，ここまで道徳教育について考察してきた。紙幅の関係で道徳授業の具体的な技術論や方法論などは扱えなかったが，それにも関連させる形で，結局のところ道徳教育に最も必要なものは何であるのかを述べて，本章を締めくくることにしたい。

これまでの学校現場においては，教師と子どもともに「難しい」「つまらない」「知らない」といった，道徳教育に対するネガティブなイメージが植えつけられていることが多いのではないか。その結果，道徳教育改善の入口にすら立てない，という状態になってしまうのである。

まずは，道徳教育というものは教育活動全体で行うもので，何気ないところにごく普通に道徳教育の題材があることを，意識することが必要である。日々の教育活動のすべてが道徳に関連しているといっても過言ではない。その意識が高ければ高いほど，要（かなめ）としての，週に1度の道徳の時間が生きてくるのである。

そのうえで，「いかに生きるか」という，道徳教育の基本的かつ究極的な目標を考えるのが重要なのである。そのためには「人間とは何か」「自分とは何か」ということを考えることになる。道徳教育の場においては，教師も子どもも「生

い立ち」「生きざま」などをありのままさらけ出し，原則的に答えはない，人間の生きる意味についてともに考えていくのである。

　少しずつであるが，いろいろな側面から道徳教育の意義が認められ，道徳教育のよい実践も増えてきているように感じられる。今日の教育をあるべき方向へ改革するには，道徳教育の振興なくしてはありえないと，筆者は確信している。

考えてみよう

① あなたが経験した学校行事（修学旅行や体育祭など）は，道徳教育という観点からみると，どのような意味があったでしょうか？

② わが国や郷土を愛する心は，どのような教育を行えば，育むことが出来るでしょうか？

③ あなたが小学生や中学生に対して，道徳の時間に授業をすることになったら，どんな授業をやってみたいですか？

【注】

1　具体的な例は，押谷（1995）に詳しいので参照されたい。

2　本来なら，学校における教育活動全体における道徳教育について考察すべきなのかもしれないが，さまざまな教育活動の実態を質問票調査から量的にとらえるのは難しいことと，道徳の時間が道徳教育の要であるということをふまえ，道徳の時間の授業についての考察することとした。

3　調査の詳細は，文部科学省のホームページの，以下のアドレスに掲載されている。
http://www.mext.go.jp/b_menu/houdou/16/11/04110503/002.htm

4　文部科学省が，道徳教育の一層の充実を図るため，全小中学生に配布している冊子。児童生徒が身につける道徳の内容がわかりやすく表されており，道徳の副読本と比べてビジュアルで書き込み欄が多いのが特徴である。

5　調査の詳細は，以下のホームページを参照されたい。http://benesse.jp/berd/center/open/report/gimukyouiku_ishiki/2007/index.shtml#hon

6　原田（1991），ウォルフォード＆ピカリング（2003）などがあげられる。

【引用参考文献】

麻生誠・原田彰・宮島喬,1978,『デュルケム道徳教育論入門』有斐閣.
ウォルフォード,G.・ピカリング,W.S.F.,2003,『デュルケムと現代教育』(黒崎勲・清田夏代訳)同時代社(原著,1977).
太田直道,2008,『生き方の道徳教育』三学出版.
押谷由夫,1995,『総合単元的道徳学習論の提唱:構想と展開』文渓堂.
押谷由夫,1999,『新しい道徳教育の理念と方法—夢と希望と勇気をはぐくむ』東洋館出版社.
貝塚茂樹,2006,『戦後教育のなかの道徳・宗教』文化書房博文社.
デュルケム,E.1964,『道徳教育論』(麻生誠・山村健訳)明治図書(原著,1925).
冨江英俊,2008,「中学校における道徳の時間の教育効果」『日本女子体育大学紀要』,第38巻.
仲島隆夫・中村誠輝,1986,「道徳教育に関する京都教育大学生の意識調査」『京都教育大学教育実践研究年報』.
日本道徳教育学会編,2008,『道徳教育入門』教育開発研究所.
原田彰,1991,『デュルケーム教育理論の研究』溪水社.
村田昇編著,2003,『道徳の指導法』玉川大学出版部.

第4章 進路指導・キャリア教育

大島 真夫

1　はじめに

　日本における進路指導・キャリア教育は，1920年代に始まった職業指導以来，長い歴史を有している。しかしながら，"キャリア教育"という言葉が普及しその必要性が社会で広く論じられるようになったのは，せいぜいここ10年くらいのことである。1990年代後半以降，学校卒業後の進路状況の悪化が顕著になり，フリーターやニートなどが社会問題化して，若者が一人前の大人になるプロセス＝「大人への移行」の困難化が指摘されるようになった[※1]。"キャリア教育"は，こうした困難化への対応策として期待され登場してきたのである。

　ただ，学校現場では少なからず戸惑いもあったようだ。従来から行われてきた進路指導と何がどう違うのか，そしてそもそも具体的には何をどうやればよいのか。こうした点が"キャリア教育"の登場の際に必ずしも明確には示されなかったからである。現在は，学校現場でのさまざまな実践が蓄積され，どういった方向で"キャリア教育"を進めていくべきかについてさらなる検討が重ねられている段階だといえよう。

　この章では，以下の3つのことについて論じたい。第一に，若者の「大人への移行」をめぐって日本社会でどのような変化が起きたのかという点について，1990年代以降の動向を中心にまず振り返っておこう。第二に，"キャリア教育"として何を行おうとしたのか，なぜ進路指導ではなく"キャリア教育"として行う必要があったのか，という点を確認しておきたい。第三に，"キャリア教育"

が今後進むべき方向としてどのような議論があるのか，そうした議論のなかで見落とされている問題はないのか，という点について議論をしたい。

2 「大人への移行」に起きた変化

現在の日本では，「大人への移行」の困難さが指摘され対策の必要性が声高に叫ばれているが，昭和から平成へと時代が変わった1990年代初頭までさかのぼると状況は一変する。いくつかのデータを示しながら，時代の変化を振り返っておこう。

(1) 1990年代以前

1990年代初頭に至るまで，日本における若者の「大人への移行」は，欧米諸国と比較すれば格段に良好な状況にあり，問題が少ないと認識されていた。その背景には，学校卒業後ただちに就職する仕組み（新規学卒一括採用），そしていったん就職すれば基本的には定年まで勤めあげるという仕組み（終身雇用）が日本には存在したからだという理解があった。

「大人への移行」が良好な状況にあったことを端的に示す指標として，若年失業率がよく取り上げられる。図4-1は日本と欧米主要諸国について若年（15歳～24歳）の失業率を示したもので，見てわかるとおり日本の若年失業率は

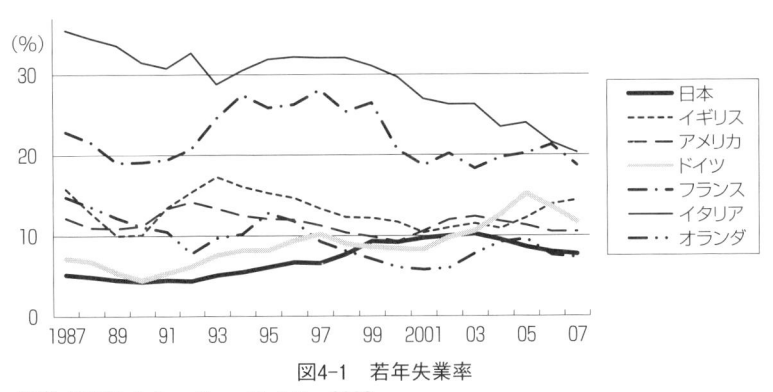

図4-1　若年失業率

出所）OECD, *Labour Force Statistics 2008*

1990年代の初頭においては5％程度のきわめて低い割合で推移していた。日本の若者は，失業することなく勤めつづける割合が高いことをこのデータは示している。

これに対し，欧米諸国では失業率に関して高い割合を示す国が多い。同じく図4-1を見れば，ドイツを除いて軒並み10％以上，フランスでは20％にも達していることがわかる。失業とは，当然のことながら仕事が無いということであるが，付随してさまざまな問題が生じると考えられている。たとえば，仕事をしながらスキルを身につけるという機会を失うので，いつまでも低スキル低賃金の状態にとどまることになる。職が無く収入がないので経済面で親に頼らざるをえず，結果として若者の経済的自立が遅れる。また，仕事が不安定であると結婚に踏み切ろうとせず，晩婚化や少子化がもたらされる，などである。失業に伴って生じるこうした問題は，若者の「大人への移行」の困難化をもたらすものであり，欧米諸国では日本に先駆けて1980年代からすでに激しい議論の的となっていたのである。

もちろん，日本においても「大人への移行」が全く問題なかったわけではない。後ほど述べるフリーターは，最初に注目を浴びたのはバブル絶頂期の1980年代後半であった。当時は「フリーアルバイター」と呼ばれ，豊かな時代にあって「学校を卒業した後でも自らの意志で定職に就かずにアルバイト的な仕事を続ける」(労働省，1991)ことで，適職探しや自分のやりたいことをしているいわばモラトリアム的な人たちと考えられていた。こうした若者たちに対して，進路指導に携わる人たちからは「安易な職業選択」と批判されてもいた(文部省，1992)。それでもこれが当時大きく社会問題化しなかったのは，フリーアルバイターもいずれは正社員として仕事に就くだろうと見込まれていたこと，そして好景気で人手不足下にありフリーアルバイターを正社員として吸収するだけの余裕があると考えられたことが背景にあったと思われる。

(2) 1990年代以降(1)――学校卒業後の進路状況の悪化

1990年代に入りバブルが崩壊して日本経済が不況へと向かうにつれて，日本社会においても若者の「大人への移行」の困難化に注目が集まるようになった。

図4-2　就職率

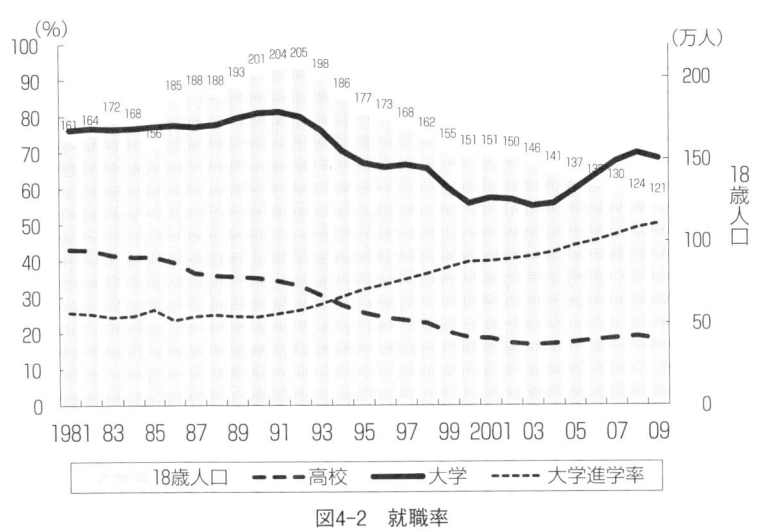

出所）文部科学省『学校基本調査』

　まず注目を浴びたのは，学校卒業後ただちに就職する仕組みの変調である。図4-2は，就職率に関する1980年代以降の時系列変化を示したものであるが，1990年代に入ってからの大幅な低下が見て取れるだろう。高卒大卒とも10～20％程度下がっている。つまり，1980年代までは高卒で40％弱，大卒で80％弱で推移していたものが，1990年代に入ると高卒は20～30％程度に，大卒は60～70％程度となってしまった。

　さらに1990年代後半になると，無業者という新たな問題も注目されるようになった。無業者とは，学校卒業後就職も進学もせず進路未決定のまま卒業する人たちのことで，とりわけ高卒無業者の都市部での増加が顕著であった。図4-3を見ると，そのことがよくわかる。47都道府県すべてについて見ると複雑になるので，ここでは日本全体と関東地方の都県に絞って示しているが，日本全体の傾向を見れば，1990年代に入ってからの無業者の増加が明らかである。また，都県による違いを見ると，山梨県や群馬県では日本全体よりも低い割合で推移しているのに対し，東京都や神奈川県といった大都市部では日本全体よりもはるかに高い割合で推移している。

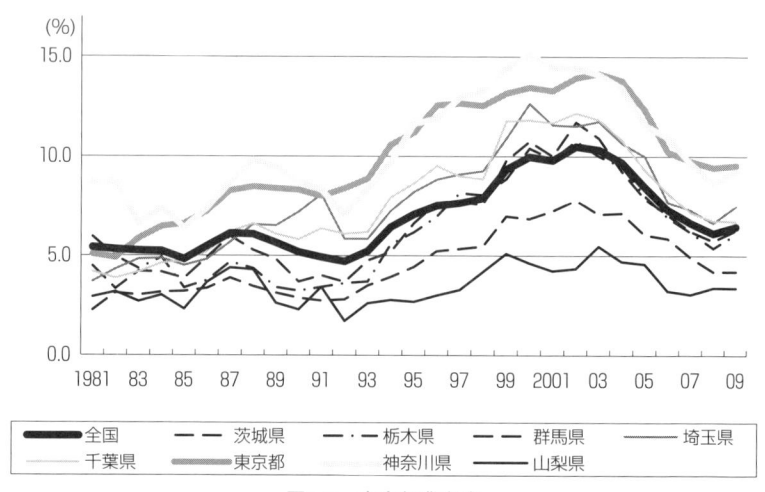

図4-3　高卒無業者率
出所）文部科学省『学校基本調査』

　こうした就職率の低下や無業者の増加は，学校卒業後ただちに就職する仕組みの揺らぎを示しているように見える。もしそうだとすれば，日本社会において若者の「大人への移行」の良好な状況を作り出していたひとつの要因が崩壊しつつある，ということになる。就職率の低下や無業者の増加がさらに進めば，若者の「大人への移行」をめぐって日本でも欧米諸国並みに問題が生じるのではないかと予感させるような変化であった。

(3) 1990年代以降 (2)——フリーター・ニート問題

　就職率の低下や無業者の増加に続いて2000年前後から注目を浴びたのは，フリーターの存在であった。前述の通り，フリーターについては1980年代終わり頃から知られていたが，これが大きな社会問題として考えられるようになったのである。社会問題化した理由には，まずフリーターの量的拡大がある。平成12（2000）年の労働白書でいわれたのは3倍という数字だった。すなわち，1982年に50万人だったものが，1997年には151万人に達していることが指摘された（図4-4）。もはやごく少数の人たちだけの問題ではなく，若者の間に相当程度広まっているというような認識がもたれることになった。

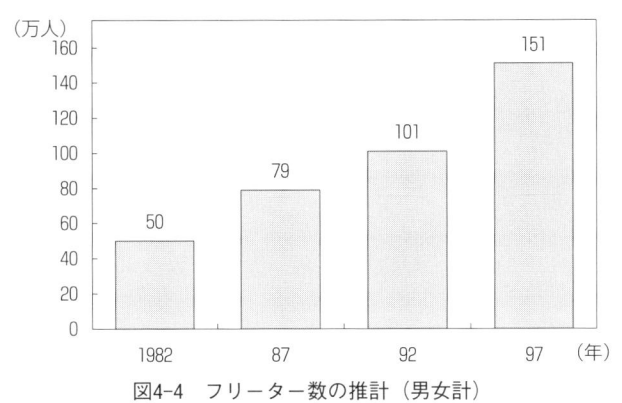

```
(万人)
160                              151
140
120
100                       101
 80         79
 60
    50
 40
 20
  0
   1982    87     92     97   (年)
```

図4-4　フリーター数の推計（男女計）
出所）労働省，2000，『平成12年版 労働白書』

　いまひとつの理由は，フリーターが正社員として就職しなくなったという点である。1990年代初頭までは，フリーターもいずれは正社員として就職するものと考えられていた。なぜならば，フリーター数が20代後半になると大きく減少していたからである。ところが『平成12年版 労働白書』が明らかにしたところによれば，1997年時点のデータで見ると，20歳代後半，30歳代においてもフリーターがそれほど減少しておらず，いったんフリーターになるとフリーターとして滞留し続ける人たちが増えてきたことが指摘された。

　フリーターに続いてその後，2003～4年頃から社会問題化したのがニートである。これは，イギリスで議論になっていたNEET（Not in Education, Employment, or Training）が紹介されて日本でも話題になったもので，そのまま訳せば「学校に通わず，仕事もせず，職業訓練も受けていない人」となるが，ニートについて先駆的に論じた玄田・曲沼（2004）はもう少し対象を限定した像を「日本版ニート」として描いた。まず，イギリスでは含まれていた失業者を「日本版ニート」から除外した。失業者というのは，現在仕事はしていないが仕事さがしをしている人のことを指す。つまり，「日本版ニート」は，仕事をしていないだけでなく仕事さがしもしてない人ということになる。さらに，人間関係に自信が無く働けない人，なんとなく働かない状態にある人という特徴を付け加え，引きこもりに近いものと位置づけた。こうしたニート像はのちに本田

らによって批判されることになるが（本田ほか，2006），「日本版ニート」は意識や意欲に問題があり病んだ状態にあるかのような存在として描かれることになったのである。

　フリーターにせよニートにせよ，共通するのは，かつての若者像とは異なる存在として描かれたという点だ。前述したように，1990年代初頭までの日本社会では，若者の「大人への移行」は良好な状況にあるとされていたが，そこでの若者像は，学校卒業後ただちに就職し定年まで勤めあげる，というものであった。これに対してフリーターやニートは，そのような若者像にあてはまらない存在である。こうした新しいタイプの若者に対してどのように対応するか，ということが社会的な関心事になるなかで，"キャリア教育"というものが注目を浴び登場してくるのである。

❸　進路指導からキャリア教育へ

　前節で述べたように，"キャリア教育"という言葉が広く注目を集めるようになった時期は，フリーター・ニートが社会問題化した時期と重なる。若者の「大人への移行」の困難化への対応として，まさに期待されたわけである。学校では，卒業後の進路についての指導として"進路指導"が従来から行われてきていたが，期待されたのは"進路指導"のさらなる充実ではなく，新しい"キャリア教育"の展開だった。ここでは，"キャリア教育"に何が求められたか，"進路指導"ではなくなぜ"キャリア教育"でなければならなかったのかを検討しよう。

（1）変化する若者への対応

　若者の「大人への移行」の困難化という社会問題に対して，政府は何もしなかったわけではない。当時の小泉政権は2003年6月に「若者自立・挑戦プラン」を，そして2004年12月には「若者自立・挑戦のためのアクションプラン」を立て続けに発表して，若者の「大人への移行」を省庁横断的な取り組みによって支援することを試みた。

プランのなかで目玉になっていたのは「ジョブカフェ」である。若者の「大人への移行」の困難化は学校を卒業・中退した後にも続くことなので，学校だけでは十分に対応することはできず，学校とは別の機関がそうした若者を支援する必要があるが，この「ジョブカフェ」はまさにそのような目的のために新しく作られた。おおむね各県に1ヵ所設置され，30歳代前半までの若者を対象に，キャリアカウンセリングや職業体験などの機会を提供し，ここに来れば就労に関することを何でも解決できる，いわばワンストップショップとして機能することが目標とされた。さらに，これとは別に，無業者・ニートに対しては「若者自立塾」が用意され，合宿形式の集団生活により生活訓練や労働体験を行い，職業人社会人としての基本的能力の獲得，さらには勤労観の醸成や働く意欲・自信の獲得がめざされた。

　他方，一連のプランにおいて学校段階で取り組むべき課題とされたのが"キャリア教育"であった。この"キャリア教育"には2つの柱がある。1つは5日間以上の職場体験・インターンシップである。主に中学校段階での実施が念頭に置かれ，地域と連携して行うことが想定された。もう1つの柱は，小学校段階という非常に早い時期から"キャリア教育"を始めること，そして「総合的な学習の時間」など特定の時間だけにとどまらず学校教育活動全体を通じて実施することを求めた点である。

　一般的にいって，ある問題に対してどのような対処法を採るかは，問題の発生原因をどのように見なすかということと大きく関連している。一連のプランが主にめざしたのは，若者の勤労観・職業観の醸成であった。若者の「大人への移行」の困難化という問題は，若者の意識のあり方が主たる原因だと考えられたからこそ，勤労観・職業観の醸成という対処法が採られたのである。そして，学校段階において"キャリア教育"が必要だということになったのは，学校段階における諸経験が卒業・中退後の若者の意識のあり方を左右しうると見なされていたことを示している[*2]。

(2) なぜ"進路指導"ではなく"キャリア教育"なのか

　ところで，学校では進路に関する指導として従来から"進路指導"が行われ

てきていた。にもかかわらず，一連のプランでは"キャリア教育"の充実が求められた。従来通り"進路指導"で対応するという選択肢があったはずなのに，なぜ"キャリア教育"という新しい方法で対応しようとしたのだろうか。その背景にはさまざまな事情があると思われるが，ここでは以下の点を指摘しておこう。

第一に，"進路指導"がいわゆる出口指導に終始していると繰り返し批判されてきたという点である。進路指導において学校が避けようとしたのは，受験や就職試験に失敗して進学先・就職先が全く見つからないまま生徒が卒業するという事態であった。そうならないように，高望みする生徒に対しては，指導を通じて志望を下げるような働きかけを行うこともあった。進学ならば学力偏差値にもとづいて合格可能性の高い学校を探すとか，就職ならば学内成績や出欠席の状況に応じて推薦できそうな企業を選ぶといった具合である。このような指導は，多くの生徒が間断なく進学・就職できる状況を実現したが，他方で不本意な進学・就職を招きやすく，結果として中退や早期離職を生み出すことにつながると考えられた[*3]。進路指導がもし中退や早期離職の原因となっているのだとすれば，若者の「大人への移行」の困難化をむしろ悪化させている存在ということになり，対応策としては不適切ということになる。

第二に，現状の進路指導は理想的なやり方ではなく，"本来の進路指導"というものが別に存在すると進路指導関係者が考えていたという点である。"本来の進路指導"とはキャリア発達を踏まえた指導のことで，キャリアに関する意識は年齢を重ねる毎に発達するものであり[*4]，年齢にふさわしい意識が形成されるように促すことが進路指導であるといった考え方である。そして，"本来の進路指導"に近いものとしてみなされていたのが，1970年代にアメリカで行われていた「キャリアエデュケーション」だった[*5]。ここで使われるキャリアという言葉は，菊池武剋の説明によれば，「職業上の能力」という意味合いだけではなく，一人ひとりの人が生涯を通じ社会において果たすさまざまな役割という意味での「生き方」に近い意味合いをも持っているという（仙崎ほか，2006，p.236）。こうしたキャリア像や"本来の進路指導"像は，平成元年改訂の学習指導要領がめざす「生き方の指導」ときわめて近いものがあり，政策的

に望ましいものであった。

　この他にも，1990年代以降終身雇用制が崩壊し働く人が自分でキャリアを切り開いていかなければいけない時代になって，新しい時代に必要とされる力を身につけるための新しい教育が必要だという観点から"キャリア教育"を求める意見もあった。いずれにしてもここにあげた諸事情は，"進路指導"では不十分であること，それにかわる新しい取組みが必要であること，を示唆している。若者の「大人への移行」の困難化に対して，"進路指導"ではなく"キャリア教育"が求められた背景には，このような事情があったと考えられる。

4　キャリア教育の今後

　キャリア教育が登場した背景についてここまで述べてきたが，現在はさまざまな実践的取組みが積み重ねられていると同時に，キャリア教育の進むべき方向についても議論が重ねられつつある，という状況にある。ここでは，キャリア教育の進むべき方向についての議論をいくつか紹介するとともに，なお残された課題とは何かということについて論じておきたい。

(1) キャリア教育の進むべき方向

　キャリア教育は，文部科学省の教育政策としては重視する方向にあると思われる。そのひとつの表れは，2006（平成18）年の教育基本法改正に見ることができよう。教育の目標を定める第二条2項では，「個人の価値を尊重して，その能力を伸ばし，創造性を培い，自主および自律の精神を養うとともに，職業及び生活との関連を重視し，勤労を重んずる態度を養うこと。」と定められた。この目標を達するために，今後もキャリア教育が推進されていくであろう。勤労観・職業観の醸成，あるいはキャリア発達の観点からのキャリア意識の形成など，これまでキャリア教育に求められてきたものは教育基本法の定めるところに沿ったものであり，引き続き求められていくのではないだろうか。

　他方，若者の意識に着目してキャリア教育を行うことに慎重な議論もある。現在生じている若者の「大人への移行」の困難化は，若者の意識のあり方が主

たる原因というよりも，企業の採用の仕方にこそ問題がある，というのがその論拠だ。たとえば本田由紀（本田ほか，2006）は，いったんフリーターのような非典型雇用の職に就いてしまうと，条件の良い正社員（典型雇用）になることが難しくなるという現状を問題視する。企業は，フリーターを採用して正社員にしようという行動をあまり取っていない。そのような現状があるからこそ，ひとたび非典型雇用の職業に就いた若者たちが，希望しても正社員になることがなかなかできず，結果として困難を抱えるようになるというのである。

同様の認識から，若者の意識に着目したキャリア教育に慎重な立場を取るのが児美川（2007）である。勤労観・職業観の醸成というような既定の内容ではなく，一人ひとりが主体的にキャリアを形成できるように，①自己理解を深めたり職業に関する情報を収集したりするなどのキャリアガイダンス的な内容，②働くとはどういうことか，あるいは現代社会における人間の生きざま・働き方，産業構造や職業，労働の実態などに関する科学的な認識の獲得，③職業的自立を果たすための専門性や専門的な知識・技術の獲得，④専門的力量を発揮し充実した働き方ができるように仲間とともに職場を改善していくための力量，すなわち労働者としての権利や労働法制についての理解を深めること，などがキャリア教育に求められていると主張する。また，佐藤（2008）も労働者の権利理解のための教育をキャリア教育とあわせて行うことが重要だと主張している。

(2) なお残された課題は何か

以上述べてきたように，キャリア教育の進むべき方向についてはいくつかの異なる議論が存在するが，ここではなお残されていると思われる課題について述べておきたい。それは，実際に学校選びや企業選びを行う場面での丁寧な指導の必要性である。数ある学校・企業のなかから自分の進路としてたった1つを選ぶのは，生徒にとってとても大変な作業である。キャリア教育を通じて勤労観・職業観が醸成され，あるいはキャリアの発達段階にふさわしい意識が形成されたとしても，生徒がこの大変な作業をかならずスムーズに行えるとは限らない。

学校選び・企業選びが大変である理由のひとつは，学校や企業に関する情報というのは，たいてい学校や企業にとって都合の良い情報しか提供されないという点である。パンフレットを見れば，どの学校も教育は充実していて卒業後の進路も問題がないように見え，どの企業も入社すれば充実したキャリアを歩めるかのように書いてある。しかし，実態も必ずその通りであるとは限らない。宣伝とはかけ離れた実態を見抜くことは一般的には難しく，指導を通じて教員がきちんとサポートする必要があるだろう。

　第二に，良い学校・企業であってもその情報が生徒に伝わっていないケースがあるという点である。進路担当の先生方にお話を伺うと，生徒は学校や企業を選ぶ際にどうしても知名度に頼りがちで，知名度が低くても良い学校・企業というのは存在するのにそれらが選択肢に上ってこない，というエピソードが非常に多く出てくる。もちろん，情報収集する能力を身につけること自体キャリア教育としてきちんとやるべきだという考え方もあるかと思うが，知名度は低いが良い学校・企業を見つけるというのはそれなりに熟練を要するものであり，生徒にその力量を求めるのは酷なような気がする。

　キャリア教育というのは，言ってみれば本番の前の練習であって，本番はあくまで学校選び・企業選びの方であろう。練習の成果を本番で十二分に発揮できるように，本番の場面においても教員が随時サポートする必要があるのではないか，というのが上記の主張の趣旨である。学校選び・企業選びに教員が関与するというと，かつての進路指導が行っていた"出口指導"が思い起こされるが，"出口指導"を再びやった方がよいといいたいのではない。"出口指導"は，確実に進学・就職先を確保できるように進路先を絞り込むだけの指導であった。そうではなくて，ここで想定している指導は，実際の学校選び・企業選びのプロセスのなかで，生徒のキャリアにとってメリットの少なそうな進路先を選択肢から外させ，逆にメリットが多そうな進路先を選択肢に加える，そのような指導である。この指導を行うためには，生徒にとってのメリット・デメリットを見極めるための生徒理解，そしてどのような進路が生徒にメリット・デメリットをもたらすかという進路先の理解を教員が行う必要がある。教員にとっては大きな負担になるかもしれないが，キャリア教育だけでなく，実際の

進路先を決めるところまで教員が付き添うことで，はじめて学校は責任を果たしたといえるようになるのではないだろうか。

> **考えてみよう**
>
> ① 進路に関する指導をするにあたって，教員は生徒についてどんな点をよく知っておく必要があるだろうか。
>
> ② 良い学校・良い企業というのはどういうものだろうか。
>
> ③ 生徒から「正社員になる必要はない，ずっとアルバイトのままで何が悪いのですか」と質問されたらなんと答えればよいだろうか。

【注】

1 「おとなへの移行」（児美川，2007）や「「大人」への移行」（堀，2007）など，論者によって呼び方はさまざまであるが，本稿では「大人への移行」で統一した。

2 たとえば，ニートについて先駆的に論じた前述の玄田・曲沼（2004）でも，ニートになる芽は学校時代にはじまると論じられ，学校段階，とりわけ中学校段階での職場体験学習の必要性を述べている。

3 出口指導という批判を受けて，文部省は中学校の進路指導から業者テストを排除するよう通知を出したこともあった（1993（平成5）年2月）。その狙いは，業者テストの偏差値を基準に受験する高校を決めるような指導をやめさせることにあった。しかしながら，こうした通知の効果は限定的で，進路指導が出口指導から脱することができたかというとそれは大いに疑問である。

4 進路指導のテキストなどでよく引用されるのが，スーパー（Super, D.E.）の「職業生活の諸段階」である（国立教育政策研究所編，2007，p.19）。

5 1970年代アメリカにおける「キャリアエデュケーション」については，児美川（2007）などを参照。

【引用参考文献】

玄田有史・曲沼美恵，2004，『ニート　フリーターでもなく失業者でもなく』幻冬舎.
国立教育政策研究所編著，2007，『キャリア教育への招待』東洋館出版社.
小杉礼子，2003，『フリーターという生き方』勁草書房.
児美川孝一郎，2007，『権利としてのキャリア教育』明石書店.

佐藤博樹，2008，「権利理解と労働組合」佐藤博樹・㈶連合総合生活開発研究所編『バランスのとれた働き方──不均衡からの脱却』エイデル研究所．
仙崎武・野々村新・渡辺三枝子・菊池武剋編著，2006，『生徒指導・教育相談・進路指導』田研出版．
堀有喜衣，2007，「若者の教育から職業への移行における「格差」形成」『教育社会学研究』第80集．
本田由紀・内藤朝雄・後藤和智，2006，『「ニート」って言うな！』光文社新書．
文部省，1992，『中学校・高等学校進路指導資料第1分冊　個性を生かす進路指導をめざして──生き方の探求と自己実現への道程』．
労働省，1991，『平成3年版　労働白書』．
労働省，2000，『平成12年版　労働白書』．

第5章 カリキュラムと子ども

松尾 知明

1 はじめに

　グローバリゼーションが進展するなかで，新しい知識や情報が社会のあらゆる領域できわめて重要な価値をもつ知識基盤社会が到来した。技術革新が繰り返され，めまぐるしく移り変わる社会においては，激しい変化に対応できる幅広い知識や高度で柔軟な思考力や判断力が求められるようになっている。

　一方で，国際学力調査に端を発した学力低下の問題は国民的な関心を集め，その対策として全国で学力テストが頻繁に実施されるようになった。それに伴い，教育現場では，基礎的な知識・技能の習得をめざすドリル学習などのテスト準備の教育を促す風潮も広がっている。

　では，学校教育では，カリキュラムと子どもをどのようにとらえ，いかなる学力を培っていけばよいのだろうか。

　本章では，アメリカ合衆国（以下，アメリカと略す）の議論を手がかりに，学びの経験としてのカリキュラムをどのようにデザインしていけばよいかについて考察したい。

2 カリキュラムとは

　カリキュラムとは，何だろうか。
　カリキュラムという用語は，ラテン語の「クレレ（currere）」に語源をさか

のぼることができ,「走るコース」あるいは「走る活動・競争」を意味していた。また,「人生の来歴」といった意味もあり,現在でも「履歴書（curriculum vitae）」といった言葉がある。これが,教育において,学科の課程（course of study）のように,教えるコースあるいは学びの道程といった意味をもつようになったのである。

　カリキュラムを訳すと「教育課程」になるが,カリキュラムの概念は,教育計画としての教育課程よりもずっと広い。たとえば,意図的・計画的な「顕在的カリキュラム」に対して,意図していないのに学校において知らず知らずに学ばれる「潜在的カリキュラム」の概念もあるし,学びの個人誌あるいは履歴という意味で「子どもの教育経験の総体」といったとらえ方もある。ここでは,カリキュラムを子どもの学びの経験と広くとらえたい。

　子どもたちは,小学校から高校を卒業するまでに,1万数千時間もの授業を受けることになる。その膨大な時間に,どのような学びの経験を準備するかによって,子どもたちの学力形成は大きな影響を受けることになるだろう。

　さて,カリキュラムのデザインには,次に検討するように,行動主義と構成主義の2つの教育パラダイムが併存している。テスト準備教育は,追って明らかにするように,行動主義パラダイムと結びつきやすく,学びの経験を狭め,不十分な学力形成に終始する傾向にある。高次の思考力や問題解決力など知識基盤社会で求められる今日的な学力の育成を考えると,構成主義パラダイムに基づくカリキュラムへの転換が求められているといえる。

❸ 子どもの学び，カリキュラム，2つの教育パラダイム

　本節では,まず,子どもの学びのとらえ方やカリキュラム・デザインを方向づける行動主義と構成主義の2つの教育パラダイムについて整理したい。

(1) 行動主義学習理論とカリキュラム

　20世紀の支配的なパラダイムは,行動主義心理学を基礎にした学習理論であった。

行動主義の心理学によれば，学習は，行動の変化を意味する。すなわち，学習においては，新しいことが「できる」ことがめざされる（植木，2006，pp.157-160）。

　20世紀初頭に，ソーンダイクやワトソンらによって，鳩やネズミを使った実験をもとに，「条件づけ」の概念がつくられ，学習のメカニズムが説明されることになる。すなわち，学習とは，条件づけによる刺激と反応の連合によって，比較的永続的な行動の変容が生起することを意味すると考えられたのである。

　このような行動主義の考えは，カリキュラム開発にも応用され，条件づけにより新しい知識や技能の効率的な獲得をめざす，科学的なカリキュラム作成の手法が考案されることになる。

　そこでは，学習は，細分化された断片的な知識が「まっさらな石版（blank slate）」に1つひとつ刻み込まれていく過程としてイメージされた。そのため，カリキュラムの作成にあたっては，学習の目標や内容が構造化され系列化された。授業では，その計画に従って，正の強化による動機づけを伴いながら，スモールステップで階段を一段ずつのぼるように学習活動が進められていった。また，学習効果を確認するためにテストが多用され，事前テスト―学習―事後テストという形式が浸透していった。

　このようにして，行動主義にもとづく学習理論を基礎にして，受動的な知識注入型のカリキュラムの伝統が定着していったのである。

(2) 構成主義学習理論とカリキュラム

　一方，認知科学の発達を背景に，構成主義の学習理論が成立することになる。構成主義の心理学においては，学習は，認知構造の変容を意味する。すなわち，学習においては，新しいことが「わかる」ことがめざされる（植木，2006，pp.160-171）。

　構成主義に立てば，学習は，白紙の状態にある子どもに，断片的な知識を蓄積していくようのものではなく，すでにもっている認知の枠組みに，新しい知識を関連づけ，組み込んだり，組み替えたりしていく営みを意味する。

　そのため，構成主義のもとでは，カリキュラム開発は，知識の記憶ではなく，

表5-1 2つのパラダイムと教育実践

行動主義者の学級	構成主義者の学級
・カリキュラムは基礎的な技能が強調され，部分から全体へと提示される。 ・固定されたカリキュラムの厳守が高く価値づけられる。 ・カリキュラムの活動は，教科書とワークブックに重く依存している。 ・生徒は，情報が教師によって刻まれる「まっさらな石版」としてみなされる。 ・教師は通常生徒に情報を伝達する際に，説教的なやり方でふるまう。 ・教師は，生徒の学習を確認するために，正しい答えを求める。 ・生徒の学習の評価は，指導とは分離したものととらえられ，ほとんどすべてがテストを通して行われる。 ・生徒は，おもに一人で学習する。	・カリキュラムは，大きな概念が強調され，全体から部分へと提示される。 ・生徒の疑問の探求が高く価値づけられる。 ・カリキュラムの活動は，データの一次的な資料や操作的な教材に重く依存している。 ・生徒は，世界について新しく生まれる理論をもつ思索家としてみなされる。 ・教師は通常生徒のために環境を仲介する際に，対話的なやり方でふるまう。 ・教師は，次の授業で使われる生徒の現在の概念を理解するために，生徒のものの見方を求める。 ・生徒の学習の評価は，指導とからみ合ったものととらえられ，生徒の学習の観察や生徒の作品やポートフォリオを通して行われる。 ・生徒はおもにグループで学習する。

出所) Brooks & Brooks, 1993, p.17

子ども自身による「探求（あるいは，反省的思考）」が重視されることになる。すなわち，子どもたちは，未発達であっても自分なりの世界を理解する枠組みをすでにもっているため，学習においては，そのような既有知識をベースに，新しい知識をいかに関わらせながら新たな理解へと導いていくのかが求められることになる。また，評価にあたっては，指導の過程において，テストよりはむしろ，子どもの観察，あるいは，子どもの作品などを意図的，計画的に収集した「ポートフォリオ」などが活用されることになる。

このようにして，高次の思考力や判断力が求められる今日的に状況にあっては，構成主義にもとづく学習理論を基礎にして，主体的で能動的な知識の構成をめざすカリキュラムづくりが期待されるようになっているといえる。

4　行動主義パラダイムとテスト準備教育

本節では，アメリカの事例をもとに，テスト準備教育が行動主義パラダイ

と結びつき，どのような問題を生み出しているのかを検討したい（Meier & Wood, 2004）。

（1）広がるテスト準備教育
NCLB法の成立とテスト準備教育の広がり
　アメリカでは，「落ちこぼれを作らないための初等中等教育法（No Child Left Behind Act）」（2002年）を契機に，テスト準備の教育が全米で急速に拡大した。
　NCLB法は，スタンダードに対応した学力評価をすべての子どもに実施し，学校や教師に厳しいアカウンタビリティ（説明・結果責任）を課すことで，不利な状況に置かれた子どもとそうでない子どもとの間の学業成績のギャップを埋めることを目的としている。
　NCLB法では，標準テストというひとつの尺度によって，学区や学校の教育改革における十分な年間進歩（adequate yearly progress，略称AYP）が判断される。同法では，2年，3年，4年，あるいは，5年連続してAYPが達成されない場合に，段階的な是正措置を定めている。たとえば，5年間連続して目標に達しないと，教職員を刷新して学校再建を行うか，チャータースクールなどに切り替えるかが求められている。
　このような厳格なアカウンタビリティ制度は，テスト結果が学校や教師の業績評価に直結し，テストの点数が上がったかどうかで教育のすべてが語られるような状況を生じさせているという。その結果，標準テストが絶対的な意味をもつようになり，学校や教師をテスト準備の教育に駆り立てているのである。

テスト準備教育と行動主義カリキュラム
　テスト準備教育は，行動主義パラダイムと結びつきやすく，画一的なカリキュラムづくりを助長することになる。
　テストでよい成績をあげるために，カリキュラム編成にあたっては，一般的な教育目標から構成要素が分析され，テストなどで測定可能な形で表現され，行動目標として具体化されることになる。
　行動目標が設定されると，次に，それらの目標を達成するために適切な教材

が選択される。ある行動目標を達成するには、それに最適な教材があると考えるため、教師は、さまざまな教材のなかから、目標達成に適した教材を選び出すことが求められる。そして、選択された教材は、効果的、段階的に組織され、教授・学習活動が展開していくことになる。

さらに、目標がどれだけ実現されたかについては、子どもたちの学習状況の到達度が標準テストによって繰り返し測定されることになる。

(3) テスト準備教育がもたらす弊害
狭められる学びの経験
では、テスト準備教育は、どのような弊害をもたらしているのだろうか。

第一に、子どもの学びの経験をいちじるしく制限している。

テストの結果責任を問われれば問われるほど、授業はテストの準備へと傾斜してしまう。たとえば、スタンダードを詳細に設定しているカリフォルニア州などの州においては、すべての指導がスクリプトとして記述されたマニュアル的な教材が開発され、テストでよい成績をあげることが最優先されているという。授業が、基礎的な知識・技能の習得を重視したマニュアル、ドリルやワークシートなどによる暗記中心のテスト準備へと変質しているのである。

一方で、読解や数学に多くの時間が割かれるのとは対照的に、社会科、芸術、体育などテストに関係のない教科は、過度に軽視される傾向にあるという。また、フィールドトリップや野外活動、プロジェクトや実験、グループでの協働学習、体験的・問題解決的活動などの機会は激減している。

不十分な学力形成
第二に、きわめて限定された学力の形成に陥っている。

テスト中心の教育では、学力がテストで測定できる力として狭く定義されるため、客観的に判断が可能で、あらかじめ答えの決まった問題をすばやく解くような能力しか問題にされない。また、行動目標に照らして評価されるため、目標の対象にならない知識・技能以外の学力の諸側面についても考慮されない。

そのため、カリキュラムのデザインにあたっては、学習結果として獲得され

る知識・技能の量の多少が問題にされ、細分化された断片的な知識や技能の記憶と再生が重視されることになる。その結果、テストで測ることのできない問題解決力や高次の思考力や判断力など今日的な学力の深刻な低下がみられるといった研究成果も報告されている。

　以上のように、テスト準備教育は、カリキュラムの幅を狭め学びの経験をいちじるしく制限するとともに、不十分な学力形成しか期待ができないのである。

5　構成主義パラダイムとこれからのカリキュラム

　本節では、テスト準備教育の問題点を克服するために、どのようなカリキュラムが求められているのかを、「真正さ」の概念を手がかりに検討したい。

(1) 標準テストへの批判と真正の評価

　アメリカにおいては、1970年代から1980年代にかけて、教育のアカウンタビリティがきびしく問われるようになり、基本的な知識や技能の習熟状況を標準テストによって測定しようという動きが全米で広がっていった。

　一方、こうした潮流への批判あるいは反動として、1980年代の終わり頃から「真正の評価（authentic assessment）」と呼ばれるオールタナティブな評価のあり方が論議されるようになった。子どもの学力を学習の場面と切り離された1回きりのペーパーテストで表面的に診断することの問題が提起されるなかで、作品や文章などの作業実績をもとに、学習者の「ありのまま」の学力をとらえようとする真正の評価が注目を集めるようになったのである。

(2)「真正の学力」を求めて

真正さとは

　では、真正の評価論のなかで提起された「真正さ（authenticity）」とは、どのような概念なのであろうか。

　「オーセンティック」といえば、一般には、絵画や書物が「にせもの」ではなく「本物」であること、あるいは、報告が「虚偽」ではなく「根拠のある」

「信頼できる」ことなどの文脈で使われる。

　現実の生活と遊離したばらばらな知識の量としての学力を測定する標準テストを批判し，真正の評価論は，現実の世界で生きて働く「本物の」「根拠のある」「真正な」学力を問題にするのである。

真正な学力
　構成主義パラダイムの学習観に立てば，生きる力の育成のためには，ばらばらの知識の記憶と再生ではなく，現実の世界でリアルな課題の探究あるいは問題解決が重要になってくるだろう。

　私たちは，市民として，複雑な現代社会で高度な意思決定を行い，また，働き手として，各職場で多様な問題解決をする。このような生きるうえで直面する切実な課題を遂行するために，高次の思考力，判断力，あるいは実践力が求められているといえる。

　たとえば，ニューマン（Newmann, F.M.）らは，このような生きて働く今日的な学力を「真正の学力」と呼び，①既存知識の「再生」ではなく，新しい知識の「生産」，②知識の「記憶」ではなく，先行する知識にもとづく「学問的な探究」，③学校で閉じた知的成果ではなく，「学校を超えた価値」をもつ知的成果を伴うものとして概念化としている（Newmann & Associates, 1996, pp.22-28）。

　今日的な教育に求められているのは，このような現実世界を生き抜くための真正の学力の視点をもったカリキュラム改革であろう。

(3) 構成主義のカリキュラム・デザイン
質の高い学びをめざす教育目標の設定
　では，真正の学力を形成していくために，どのような構成主義のカリキュラム・デザインが求められるのだろうか[*1]。

　そのためにはまず，現実社会のリアルな問題をもとにして，精選した概念を深く学ぶために，教育目標の設定が重要になってくる。

マクタイ（McTighe, J.）とウィギンズ（Wiggins, G.）は，教育内容を3つのレベルに分けている（McTighe & Wiggins, 2004, p.141）。それらは，①知っておく価値があるもの，②重要な知識とスキル，③永続的な理解である。教育目標の設定にあたっては，できるだけ認知構造に深く刻み込まれるような最も高次の「永続的な理解」をめざすことが求められる。

　また，ドレイク（Drake, S.M.）とバーンズ（Burns, R.C.）は，質の高い学びをを実現するために，「生徒が知るべきもっとも重要なものは何か。」「生徒がなすべきもっとも重要なものは何か。」「生徒になってほしいのはどのような人か。」といった問いを立て，後述するようなKNOW/DO/BEブリッジの枠組みを設定することを提案している（Drake & Burns, 2004）。これらの知識・技能・態度の挑戦的な目標を，教育内容スタンダードを視野に入れながら明確化することが必要である。

逆向きデザイン

　教育目標が設定されると，子どもに質の高い学びを実現するカリキュラムのデザインが必要になる。その効果的なアプローチのひとつとして，ウィギンズとマクタイは，「逆向きデザイン（backward design）」を提唱している（Wiggins & McTighe, 2006, pp.13-34；西岡，2008，pp.13-14）。

　逆向きデザインは，3つのステップ—①学習で期待される結果（目標）を特定し，②その結果として認められる証拠（成果物など）を決定し，③その証拠に導く学習経験を計画する—によって構成される。学習の結果として生み出すべき証拠から学習活動を構想するために，逆向きデザインと呼ばれている。

　これらの手続きにより，質の高いパフォーマンス課題を設定し，中心的な概念を深く「探究（反省的思考）」することを通して，子どもの認知の枠組みを組み換えていくことが可能になっていくのである。

　実生活や実社会で生き抜く真正の学力を形成していくためには，以上のような構成主義パラダイムに立ったカリキュラム・デザインが求められているといえるだろう。

6 構成主義にもとづくカリキュラム・デザインの事例

本節では，言語技能，社会科，科学，芸術の教科横断的な第4学年単元「中世」のカリキュラム開発事例をもとに，構成主義にもとづくカリキュラム・デザインの手順を具体的にみていきたい。

(1) 教育の目標

まず，単元で到達することが期待される目標を，関連する教科の教育内容スタンダードを参照しながら，KNOW/DO/BE ブリッジの形で記述する。

事例では，KNOW（知識）では「永続的な理解」と「学際的な概念」が，DO（技能）では「学際的なスキル」が，BE（態度）では「協力的，責任のある，配慮のある」が，図5-1のように設定されている。

(2) 結果として認められる証拠

目標が決まると，結果として生み出される証拠を決定する。

BE
協力的，責任のある，配慮のある

KNOW
永続的な理解
・市民は役割と責任をもつ。
・文化遺産は，私たちの過去とつながっている。
・滑車と歯車は一つのシステムから他へ運動を移動させる。

学際的な概念
・文化遺産　・市民性　・構造

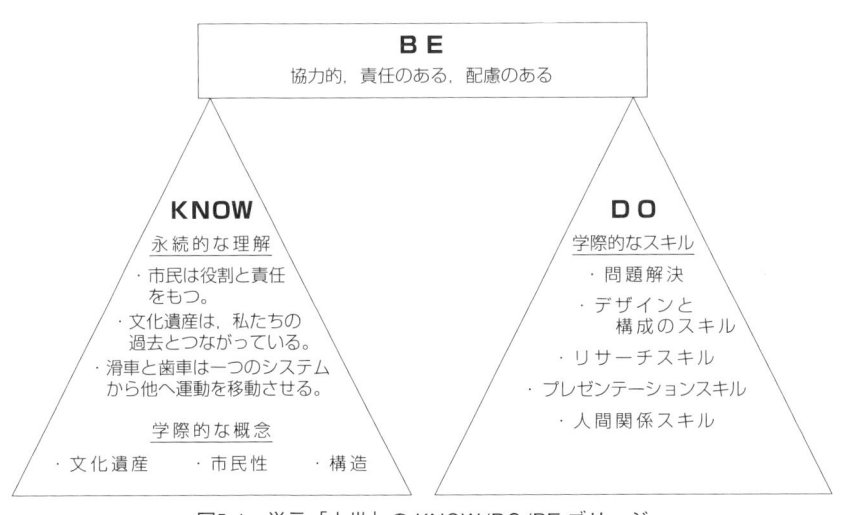

DO
学際的なスキル
・問題解決
・デザインと構成のスキル
・リサーチスキル
・プレゼンテーションスキル
・人間関係スキル

図5-1　単元「中世」のKNOW/DO/BE ブリッジ
出所）Drake & Burns, 2004, p.149

事例では，中世祭の開催と関連させて，パフォーマンス課題が以下のように提示されている（Drake & Burns, 2004, p.149）。

> あなたは，セイント・アン村の市民です。中世祭の時です。たくさんの訪問者があなた方の祭りにやってきます。遠く21世紀からやってくる人もいます。彼らはあなたがどのようにその文化に暮らしているのか，それが今日の文化にいかに影響を与えているのかに興味をもっています。あなたには，3つの責任があります。
> 1．あなたとパートナーは，祭りでひとつのブースを担当します。小さなグループがあなたを訪れます。あなたは次のことに責任をもちます。
>   ・あなた自身のリサーチの口頭プレゼン（口頭プレゼン）
>   ・あなたのリサーチの主な事実を概観する物語掲示板（文書プレゼン）
>   ・あなたのリサーチの領域について何か教えるのに，訪問者ができる活動。たとえば，カタパルト（槍や石などを発射する兵器）あるいは遊び道具をつくることができる。（デザインと構成）
>   ・訪問者がもつ質問に回答し，あなたが中世で発見したものと，21世紀の文化を比較します。（リサーチ）
> 2．あなたは，公的記録に寄贈する責任があります。あなたが単元の間につくった作品，設計図つきの城，ステンドクラスの窓，地図のなかから選択してください。（デザインと構成）
> 3．中世でミステリー劇をすることはとても普通のことでした。あなたのグループは，ミステリー劇を書き，お祭りの間に演じます。（口頭プレゼン）
> 教師評価，自己評価，他者評価があります。

（3）教育活動の計画

単元の目標を設定し，生み出すべき証拠を考えると，次に，学習活動をデザインする段階になる。

事例ではまず，単元「中世」の下に，小単元として「農民と王」「十字軍とプリグリム」「城と制作者」「人々と出来事」「その時と今」が設定されている。

単元と小単元の構成が決まると，それぞれの小単元で「指導／学習経験」「スタンダード」「評価」の項目にしたがって，表5-2のように，具体的な学習活動をデザインしていく。

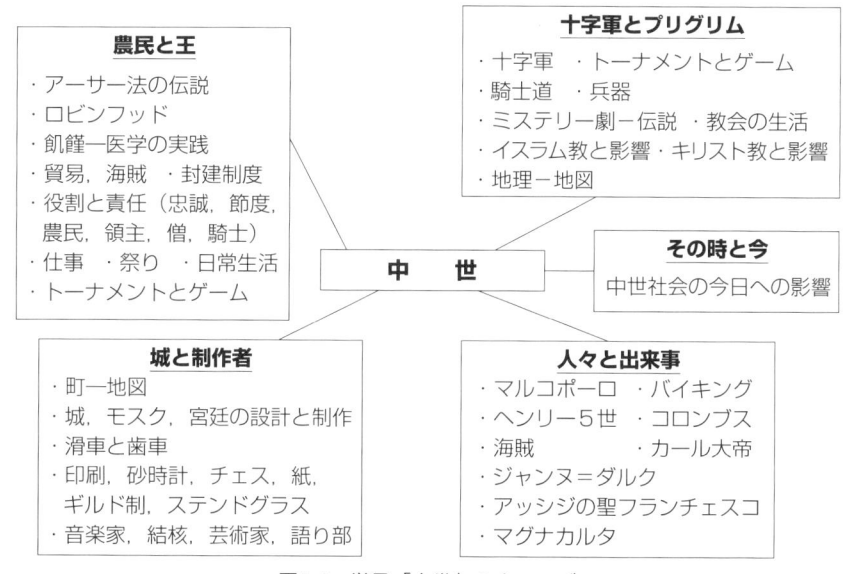

```
┌─────────────────────────┐          ┌──────────────────────────────┐
│      農民と王            │          │    十字軍とプリグリム          │
│ ・アーサー法の伝説        │          │ ・十字軍  ・トーナメントとゲーム│
│ ・ロビンフッド            │          │ ・騎士道  ・兵器              │
│ ・飢饉—医学の実践         │          │ ・ミステリー劇—伝説 ・教会の生活│
│ ・貿易,海賊 ・封建制度    │          │ ・イスラム教と影響・キリスト教と影響│
│ ・役割と責任(忠誠,節度,    │          │ ・地理—地図                  │
│   農民,領主,僧,騎士)      │          └──────────────────────────────┘
│ ・仕事 ・祭り ・日常生活  │                    ┌──────────────────┐
│ ・トーナメントとゲーム    │                    │    その時と今      │
└─────────────────────────┘    ┌──────┐        │ 中世社会の今日への影響│
                                │ 中 世 │        └──────────────────┘
                                └──────┘
┌─────────────────────────┐          ┌──────────────────────────────┐
│     城と制作者           │          │      人々と出来事             │
│ ・町—地図                │          │ ・マルコポーロ ・バイキング    │
│ ・城,モスク,宮廷の設計と制作│          │ ・ヘンリー5世  ・コロンブス   │
│ ・滑車と歯車              │          │ ・海賊         ・カール大帝   │
│ ・印刷,砂時計,チェス,紙,  │          │ ・ジャンヌ=ダルク             │
│   ギルド制,ステンドグラス │          │ ・アッシジの聖フランチェスコ  │
│ ・音楽家,結核,芸術家,語り部│         │ ・マグナカルタ               │
└─────────────────────────┘          └──────────────────────────────┘
```

図5-2　単元「中世」のウエッブ

出所）Drake & Burns, 2004, p.150

表5-2　農民と王

指導／学習経験	スタンダード	評価
・グループで,人々が中世にいかに生活していたのかを明らかにするために,研究者が問うと思われる典型的な質問をブレーンストームする。それらには,食べ物,衣服,家,楽しみ,仕事,政治,貿易,交通,紛争の調停のようなカテゴリーが含まれる。	・中世の社会のきわだった特徴を同定する。 ・探究や観察を表現するために,適切な語彙を使用する。	・完成度を評価するために,学級で出し合った質問を新聞に書き,学級と教師に対して掲示する。

出所）Drake & Burns, 2004, p.151

(4) ルーブリックの活用—評価の信頼性と妥当性

　評価にあたっては，真正（まるごと）の学力形成をとらえるのに，標準テストだけでなく，学習の過程で生まれるさまざまな資料や情報が活用されることになる。そのため，評価に信頼性や妥当性を確保する目的で，多様な評価資料・情報を得点化する指針となる「ルーブリック（rubric）」が活用される。

　ルーブリックの作成にあたっては，発表，話し合い，レポート，作品などパ

フォーマンス課題ごとに，達成目標となる評価規準を定め，それがどのような状況にある場合にたとえばABCとなるのかを評価基準として設定する。

事例では，口頭や文書によるプレゼン，リサーチ，作品などのルーブリックがあらかじめ準備されている。多様な評価資料・情報を信頼性や妥当性をもって評価するためには，こうしたルーブリックを活用することが有効である。

7 おわりに

子どもの学びをどのようにとらえ，カリキュラムをいかにデザインしていけばよいのだろうか。

アメリカの事例から示唆されるように，日本においてもテストを重視する傾向がますます進行すれば，テストの点数が上がったかどうかで教育のすべてが語られるような状況を生じさせてしまうだろう。こうした動きは，その意図とは反対に，ドリルやワークシートによるテスト準備の教育を助長してしまい，高次の思考力や判断力の低下をまねいてしまうといった危険性さえはらんでいるのである。

したがって，これからの教育においては，子ども自らが知識をつくり出すという構成主義のパラダイムに立ち，探究（反省的思考）を促す教育実践を進めることで，「真正の学力」の形成をめざしていくことが必要であろう。

そのためには，たとえば，本章で検討したような，逆向きデザインによるカリキュラムづくりの手法が有効である。すなわち，①スタンダードをもとに目標を定め，②その目標を達成したことを示す証拠を決め，③その証拠を生み出すことのできる学習経験をデザインするといった手順である。

めざましく変貌を遂げる知識基盤社会が到来した今日，日本の教育においては，探究を中心とした子どもの学びを促すカリキュラムをデザインして，実生活や実社会で生きて働く真正の学力を育成していくことが求められているといえるだろう。

> **考えてみよう**
>
> ① テストの点数が過度に強調される教育のもとでは，子どもの学びにどのような歪みを生じさせてしまうのか，具体的な例をあげて考えてみよう。
>
> ② 実生活や実社会で生きて働く「真正の学力」を育成するためには，どのようなカリキュラムをデザインすることが必要なのかを考察してみよう。

【注】

1 構成主義パラダイムにもとづくカリキュラム・デザインについては，拙著，2008，『新時代の学力形成と目標準拠の評価―新学習指導要領の授業デザインを考える』明治図書に詳しい。

【引用参考文献】

植木理恵，2006，「教育の方法」鹿毛雅治編『教育心理学』朝倉書店．
西岡加名恵編著，2008，『「逆向き設計」で確かな学力を保障する』明治図書．
Brooks, J.G. & M.G. Brooks, 1993, *In Search of Understanding: The Case for Constructivist Classrooms*, ASCD: Alexandria: VA.
Drake, S.M. & R.C. Burns, 2004, *Meeting Standards through Integrated Curriculum*, Association for Supervision and Curriculum Development.
Meier, D. & G. Wood ed., 2004, *Many Children Left Behind: How the No Child Left Behind Act Is Damaging Our Children and Our Schools*, Beacon Press.
Newmann, F.M. & Associates., 1996, *Authentic Achievement: Restructuring Schools for Intellectual Quality*, Jossey-Bass.
McTighe, J & G. Wiggins, 2004, *Understanding by Design: Professional Development Workbook*, ASCD: Alexandria: VA.
Wiggins, G. & J. McTighe, 2006, *Understanding by Design*（2nd ed.），Pearson.

第6章 子どもの成長物語
―スポーツ部活動―

白石　義郎

1　スポーツ部活動における教育作用

(1) 生徒は成長を好む

　本章の主題は，スポーツ部活動がどのように「物語」られるのか，また，その「物語」において生徒の成長がいかに語られるかを明らかにすることである。

　いわゆる「部活もの」が，小説，映画，コミックスにおいて数多く創られてきた。この「部活もの」の大半はスポーツ部活動である。なぜスポーツ部活動が数多く語られてきたのだろうか。

　そこに血肉化させるリアリティがあるからだ。教育社会学において「物語」を題材とすることは少なかった。教育社会学は虚構を排し，事実に立脚しようとするからである。しかし，「部活物語」が多数の生徒読者を獲得し，読み継がれているのは，そのなかに個別の事実を超え，物語として語られる普遍的なリアリティがあるからである。これを無視して，生徒の「意味世界」に迫ることはできないだろう。生徒は発達途上にある一個の青少年として，自己の成長に関心をよせる。生徒はスポーツ部活動の物語のなかに成長を見つけ出す。生徒にとって成長は自己向上の喜びなのだ（エリクソン，E.H., 1977）。

(2) 成長の装置としてのスポーツ部活動
生活世界
　生徒はスポーツ部活動の教育理念を生きるのではない，スポーツ部活動という「生活世界（Lebenswelt）」を生きる。現象学者のアルフレッド・シュッツ

(Schutz, A.)によれば、わたしたちは「意味」に取り巻かれて生きている。生活世界とはこの「意味」が構造化された場であり、それぞれの体験に「意味づけ」がなされる源泉である。すなわち、「個々の社会的生活世界はすべて、そこに「住んでいる」ひとびとのもつ意味によって構成されている」(バーガーほか、1977、p.12)。生徒にとってスポーツ部活動は、生活世界であり、その場を生きることによって、行為の意味を獲得するスポーツ部活動は、形成した自己を確認し、定着させる社会装置である。「おのおののアイデンティティの定義は、現実を創りだす力をもっている。人間は自分自身を定義するだけではない、現実を経験することを通して、これらの定義を行動にあらわすのである。すなわち、人間はその定義を生きる。」(バーガーほか、1977、p.105)。

生活世界としてのスポーツ部活動

スポーツ部活動は、どのような「生活世界」だろうか。

第一に、スポーツ部活動の集団は、上下関係を基本軸とする社会システムである。スポーツ部活動集団の地位役割関係は3つある。①上級生／下級生関係、②指導者／生徒関係、③リーダー／フォロアー関係である。リーダー／フォロアーは、キャプテンと部員、レギュラーと非レギュラーに分かれる。さらに、OB／在校生という地位役割関係が持ち込まれるスポーツ部活動集団もある。

社会システムが行為者に与える最大の機能は、社会システムが「取り扱われ方」(treatment)を決めることである。これらの地位役割関係は、生徒の「取り扱われ方(treatment)」を決定し、社会化(socialization)のメカニズムとして強く作用する。treatmentは、行為を指示し、それに従う行為には是認と肯定的評価を与え、従わない行為には逸脱者という否定的なサンクションを与える。

第二に、スポーツ部活動は緊密な相互作用の場である。

教授単位である学級集団とはちがって、スポーツ部活動は生徒が自発的に参加するアソシエーション集団であり、緊密な相互作用がなされる。このような相互作用の緊密性は生徒のパーソナリティ形成に強い影響を与える。

第三に、スポーツ部活動はスポーツという「意味世界」である。スポーツの

強力な力は，生徒の「魂を奪う」ことである。スポーツという「意味世界」は生徒にとって「外界」であり，この外界へのコミットメットが，生徒の自我を拡大し，変容させる。

第四に，これが最も重要な点であるが，スポーツ部活動は，身体を使う活動である。身体を使う活動は，身体的リアリティ感覚をもたらす（三浦，1994）。学校の正規カリキュラムの多くは，一斉授業を手法とする知識の受容であり，受身的な行為である。他方，スポーツ部活動は身体を動員する活動であり，自らを投企する行為である。身体を使い，自らを投企する活動は，学校生活においてスポーツ部活動のほかにはほとんどない。スポーツ部活動には身体訓練があり，練習論があり，問題解決行動がある。さらには，勝利による状況の「突破」があり，負けによる「挫折」がある。スポーツ部活動はこれらの経験を生き生きとしたものとして生徒に提供する。

2 スポーツ部活動における成長の語り

(1)「物語ること」の機能
虚構性はリアリティを指し示す

ドキュメントではなく，「物語」をデータとした理由は以下である。

第一に，物語はその虚構性のゆえに，リアリティを指し示す。ある作家は小説を「ウソもマコトもあるウソ八百」と定義した。マコトとは，「リアリティ」のことである。リアリティとは「人間の真実」というほどの意味である。リアリティを欠く物語はウソっぽくなって，人の心をとらえない。状況が虚構であり，登場人物が虚構であり，台詞が虚構であっても，リアリティに裏付けられた物語は，「人間の真実」を射抜ぬく。

第二に，物語は「それが何であるか」を認識するための装置である。物語の社会的機能を研究した野家啓一はいう，

> 人間は「物語る動物」である。あるいは，「物語る欲望」に取りつかれた動物，といったほうが正確であろうか。自ら体験した出来事あるいは人から伝え聞いた

できごとを「物語る」ことは，われわれの多様で複雑な経験を整除し，それを他者に伝達することによって共有するための最も原始的な言語行為のひとつである。……われわれは記憶によって洗い出された諸々の出来事を一定のコンテクストの中に再配置し，されにそれらを時間系列に従って，再配列することによって，ようやく「世界」について語り始めることができる。(野家, 1990, p.3)

成長とは成長として「語られた」ものである

では，「生活世界」という視点に立つとき，教育あるいは成長はどのようにとらえることができるだろうか。その答えは成長として「語られる何か」である。その語りは，主体者としての生徒本人が語ることもあれば，指導者である教師やコーチによって語られることもある。同様に作家という観察者によって語られることもある。リアリティを「語る」ことによって，リアリティをわれわれに理解可能なものにする，これが物語の機能である。

(2) 成長の「語り」の分析方法

ビルドゥングスロマン (bildungsroman)

ビルドゥングス・ロマンとは，18世紀末から19世紀にヨーロッパで広範な読者を獲得した自己形成小説である。この起源はドイツのゲーテやシラーの教養小説にある。主人公が幼年期の幸福な眠りからしだいに自我に目覚め，友情や恋愛を経験し，社会の現実と闘って傷つきながら，自己形成(Bildung)をしていく。Bildungというドイツ語は，形成する(bilden)という動詞の名詞化であり，自己形成を意味する。したがって教養とは単に知識や技術を身につけることではなく，また既成の社会秩序や規範を習得することでもなく，みずからを人間としてあるべき姿に形成することである。教養小説の最大の貢献は，成長をそれ自身で「語るに値する」物語として，定式化したことである(『世界大百科事典』)。

定項

定項とは，ロシア・フォルマリズムの物語分析の用語である。プロップは昔物語を分析し，異なる物語においても変わることのない定項(constants)を見

つけ出そうとした。木村涼子によれば、「彼らは，多様で複雑な種種の物語に共通する骨格だけを描きだそうとした。……骨格だけを抜き出すことは，そうした個別の物語の豊かさを削ぎ落としてしまうことでもあり，こうした分析は一見，人間の想像力を奪う営みのように思える。しかし，構造分析は物語世界を抽象的な概念によって把握する別種の想像力の獲得を意味し，そのことによってパラドキシカルにも，社会が生み出す「物語」という文化の豊かな可能性および限界（という可能性）を感知することができるのである。」（木村，1998, p.38）この定項は成長物語を社会学的に分析するために有効な方法である。成長物語の分析は，物語の中から成長という定項を抜き出す作業にほかならない。

３ 『しっぷうどとう』における成長物語の定項

©盛田賢司，小学館

（1）成長物語としての『しっぷうどとう』

『しっぷうどとう』はどんなコミックか

本章では典型な成長物語として，盛田賢司『しっぷうどとう』（小学館，全11巻，1998）をとりあげる。『しっぷうどとう』は小学館発行の『ビッグコミックスピリッツ』に連載された。『ビッグコミックスピリッツ』はコミック雑誌としてメジャーであり，『しっぷうどとう』は一定数の読者を獲得した物語であることがわかる。

『しっぷうどとう』を取り上げる理由

『しっぷうどとう』を取り上げるのは，３つの理由からである。

第一の理由は，「初心者」が成長する教養小説だからである。

初心者がスポーツに引き込まれていく姿を，他の部員からの信認を獲得していく姿を，さらに，心身能力を上昇させていく姿を丹念に描かねばならない。初心者の物語である『しっぷうどとう』は，これらの成長プロセスを描き出す

ことに成功した成長物語である。

『しっぷうどとう』をとりあげる第二の理由は，それがコミックという媒介だからである。今日，コミックは最も多くの青少年の読者を獲得するメディアである。発行部数，読者数で伝統的な書籍メディアである活字本を圧倒する。ただし，スポーツ部活動を題材とするコミックの大半は成長物語ではない。

> 読者は，作品のなかで誰かが天才と呼ばれれば，そんな気になる。天才はカッコいい。結局，何の説明なく，主人公として成立する。後は，天才らしく活躍させておけばよい。たいへんお手軽なキャラクター設定法ということだ。こうしてマンガの世界には，天才が氾濫してしまった。(中略) いちばんいいのは，才能のことを忘れて，スポーツを描くことだ。スポーツの面白さは「勝利」だけではない。敗者のなかにも面白さはある。それなのに「勝利」ばかり追いかけるから，お手軽かつ優先的に勝利をえられる「天才」を乱発するハメになる。(宝島社，1997，p.321)

このようなコミックにあって，『しっぷうどとう』は成長を描くことができた物語である。

第三の理由は，成長物語の「定項」が埋め込まれているためである。次にこの定項を分析する。

(2)『しっぷうどとう』における成長の定項

初心者からの変身

第一の定項は，初心者からの変身である。

変身は物語の基本構造である。すなわち，「ある状態から別の状態への移行ということが，もっとも抽象的なレベルでとらえた際の〈物語の論理〉である。」(森田，1993，p.76)

スポーツ部活動において，初心者は最も低位の参加者である。例外なく下級生であり，部活動集団という社会システムの底辺に位置する。初心者は成長を語るに最もふさわしいキャラクター設定である。

『しっぷうどとう』の終巻で，女性指導者の三田は，初心者から全日本選手権の決勝戦まで上りつめた長門烈の変身を回顧する。

第6章 子どもの成長物語

「彼が……ここまで成長したのは彼の……変わりたいという気持ち……。
　強くなりたいというと気持ちと，周りの仲間たちの……友情のおかげだと……私は思います。
　彼の中には彼らの……。仲間を信じる気持ちと，逃げださない強い意志，そして剣道を愛しているという気持ちが流れてます……。人は変わることができるんだと…。逆にあたしが彼に教わりました…」

（『しっぷうどとう』第11巻，pp.198-199）

　この指導者の回顧は，成長物語としての『しっぷうどとう』のすべてであり，「友情―闘争―勝利」を言説化したものに他ならない（西村，1995）。

原点として動機

　動機は物語の出発点であり，動機の成就は成長物語の終局点でもある。「友情―闘争―勝利」を定項とするスポーツ部活動物語において，動機が闘争の原点であり，勝利が動機の完遂である。『しっぷうどとう』において，動機は自己否定から自己肯定への変身願望として語られる。

長門烈：「ちぇつ，おれはこんな学校，きたかなかったよ。こんな第三志望のバカ高校なんかによ！」
同級生：「お，おい　みんななんか2年生が呼んでるぞ!!　1年男子　全員呼んでこいって!!」
2年生：（長門烈たち1年生をトイレに正座させて）「なめてんじゃねえぞ！」
長門烈：「だ…だからきたくなかったんだこんな高校っ！」
2年生：（誰かがトイレのドアをガラリと開ける）「おい，まだ開けんじゃねえっ!!」
阿南（剣道部2年）：（2年生の竹刀をとりあげながら）「さあ…。どうするんだ…。続けるのか？　続けねえのか…。
2年生：（ゾロゾロと外にでる）「ちい，わかったよ……」
長門烈：「おれは…あんなふうになりたかった…ちくしょうおれは…。おれはあんなふうになりたいと思ってたんだ…」

（第1巻　p.9）

支点としての身体

スポーツ部活動は身体を伴う。身体を伴うスポーツ行為には，3つの固有の感覚作用がある。

まず，身体を通したリアリティ感覚がある。次に，身体と精神との相対感覚がある。身体と精神の相対感覚とは，身体を客観化する感覚といってもよい。たとえば，「精神がこう動こうと思っても，身体がそう動かない」とか，逆に，「精神は何も考えていないのに，身体が考え行動する」という感覚である。ただし，この感覚はデカルト以来の精神と身体の二元論の感覚ではない。身体がもうひとつの支点としてあるという感覚であり，時に，融合し，時に，分離する。スポーツにおいて，練習によって身体能力が上昇するが，この上昇が成長として理解され，成長が可視化される。

長門烈：「これだ…左諸手上段…おれの右足を生かせる，構えだ…。
阿南　：「下がるななっ!!　上段を使う奴が，下がんじゃねえ!!…上段に構えたら，相手に対して恐れを抱くな，迷うな一歩も引くな!!　初太刀に全身全霊をかけて打て!　その初太刀を一撃必殺の技にしろっ!!　その初太刀をはずしたら，死ぬと思え!!」

最後に，鍛錬という感覚がくる。鍛錬という感覚は『しっぷうどとう』においてどう語られているか。

阿南：「おまえはおまえの武器を生かしていない。って言うより………。
　　　生かす術を知らないんだ………。
　　　「おれや……。三田監督が基本をうるさく言うのは……単にそれが定石ってことじゃねえ。基礎…基本を身体に覚えさすってことが……。おまえがおまえの右足を生かす術だ…。」
　　　「おまえはおまえの武器を見つけた。でも，見つけただけで　いい気になってたら…。お前の手でそいつを腐らせることになんだよ。」

他者からの信認

他者からの信認は，成長にとって重要な基盤である。自己肯定的なアイデンティティは他者が与える信認によって担保される。『しっぷうどとう』は，この他者からの信認をスポーツ部活動らしいしかたで語る。対戦相手チームのキ

ャプテンに語らせる。

相手主将：「明の負けだな……。
　　　　　（中略）
「明はたぐいまれな運動能力とセンスで何をやらせてもすぐうまくなる…。だから努力というものを知らない。剣道を始めた時もそうだ……。あいつはすぐに道場の上級生より強くなった…」
「**だが，そこまでだった**」
「基礎をおろそかにし，カッコばかりにこだわったため，ある程度以上のびない。その度に逃げて自分を正当化する言い訳をみつけ………。あの長門の奴は，聞けば，高校から剣道を始めたと言う…。本来なら明が負けるはずのない相手だ…。よっぽど真剣に取り組んできたのだろう。
明にはできなかったことだ…。**その差なんだ…**。」　　　（第8巻，pp.144-147）

©盛田賢司，小学館

このような対戦相手からの是認は，部員仲間からも認証されるのは言うまでもない。部集団の社会システムの最下位者であった初心者が，闘争によって，あるいは努力によって，居り場所を確保した。

ライバルとの闘争の「語り」
①「全身全霊で応えよう」

成長にとって闘争は最も重要な定項である。とりわけライバルとの闘争は重要であり，成長物語のヤマ場でもある。ライバルは乗り越えるべき壁であり，この壁を乗り越える過程が成長だからである。剣道高校日本一の古橋との相上段の試合においての語りである。

古橋：「いつも阿南の後ろに，ついてまわる君が…。試合の度に，驚くほどの成長を見せる。まさに奇跡とも言えるほどの成長を…。佐倉神城がなぜ君を選んだかが

©盛田賢司，小学館

わかるような気がする。君のその成長の可能性に賭けたんだな。**わかった…全身全霊で応えよう**」

(第11巻，pp.30-31)

② 「いままでの長門君じゃない！」

古橋：「今までの，長門君じゃない!!　この身震いするような気迫は…**なんだ!?**」

「恐怖…？　このおれが？　おれはこういう相手を待っていた……。こういう相手を……」

(第11巻，pp.153-155)

ゲームに鷲づかみにされる感覚

スポーツ部活動において成長の核心は，スポーツのゲームそのものである。この感覚は，世界に捕まえられるという感覚であり，世界が差し出すものに気づく感覚である。この感覚は多少に形而上的感覚であるが，現況を突き抜け，「突破する」飛躍感覚である。

対戦選手：(試合で打ち合いながら)
　　　　　「おもしれえ！　剣道ってこんなにおもしれえもんだったか…。」

長門烈　：「ああ…剣道って楽しいよ。剣道を始めて……おれは変われたような気がする……。おれにも可能性があるってことを剣道が教えてくれた。」

対戦選手：「そうだ…おれも昔はそうだった……。でもいつの頃からか，勝つことを強要されて……。それからの稽古は苦痛だった。だから…。勝て

©盛田賢司，小学館

ば救われると思ってた。おれの心はみたされない……。剣道を始めたころは楽しかった……。おもしろかった……。勝とうが負けようがそんなものカンケーなかった。打ち合っていればそれだけで良かった……。ああ…わかったような気がする。長門，おまえがなぜ笑ったか，わかったような気がする。おれはこうやって，剣道を楽しみたかったんだ。」

長門烈　：「そうだよ，だからこのまま……いつまでも打ち合おうぜ」
三田監督：「すごいわ…」

「あの二人　お互いを尊重し始めてる……。二人が持っているものをお互いが認め合い，そして，その持っているものすべてを相手にぶつけてる。」

「そうよ…あたしが…あたしが目指した剣道はこれなのよ。活人剣…あたしが長いあいだ求めていたものはこれなのよ」

（第11巻，pp.201-205）

4　おわりに

　成長物語は変身の物語である。成長物語には成長を成長たらしめている定項がある。この定項は多くの変異する物語から見つけだされたものである。ことスポーツ部活動に関する限り，成長の核心はスポーツそのものの教育力である。このスポーツそのものも力の周りに，友情，身体，鍛錬が配置される。かつて成長物語は吉川英二の『宮本武蔵』がそうであったように克己的な鍛錬主義イデオロギーと結びついていたが，鍛錬主義の後退は，かつての教養小説を脇へと追いやった。しかし，ここにみたように，成長物語は鍛錬主義と結びつかなくとも成立するのであり，成長が物語として語られることで，成長の核心に触れる。生徒が自らの成長を喜ぶ限り，また社会が生徒の成長に期待をかける限り，成長物語は書き続けられるだろう。それはかっての活字メディアとは限らない。コミックにも受け継がれ，多くの読者を獲得するだろう。

考えてみよう

① 映画，コミックス，小説の部活物語をひとつ選び，友だちに紹介文を書こう。

② 「わが校の最強スポーツ部活」を訪問し，指導者の先生に何が指導の楽しみなのかをインタビューしてみよう。

③ 熱血系部物語と脱力系部活物語を比べてみよう。成長がどう違って描かれているだろうか。脱力系部活物語としては，『バタアシ金魚』（望月峰太郎，ヤンマガKC）がおすすめ。

【引用参考文献】

エリクソン，E.H., 1977，『幼児期と社会』（仁科弥生訳）みすず書房．
木村涼子，1998，「フェミニズム」伊藤公雄他編『はじめて出会う社会学』有斐閣アルマ．
シュッツ，A., 1989，『現象学的社会学の応用』（桜井厚訳）御茶の水書房．
宝島社，1997，『日本一のマンガを探せ（別冊宝島）』．
三浦雅士，1994，『身体の零度』講談社．
森田伸子，1993，『テクストの子ども』世織書房．
バーガー，P.L. ほか，1977，『故郷喪失者たち』（高山真知子ほか訳）新曜社．
野家啓一，1990，「物語行為論序説」『現代哲学の冒険8―物語』岩波書店．
西村繁男，1995，『さらばわが青春の『少年ジャンプ』』飛鳥新社．

第7章 ジェンダーと学校教育

河野 銀子

1 はじめに

　社会的・文化的な性差を示す概念であるジェンダーは，社会変化に伴う可変性をもつ。それゆえ，現在の子どもたちの教育や学習にかかわる大人たちにとって，予め難問となる。自分たちの経験や現在の社会を前提できるとは限らないからだ。しかも，可変性は一方向的なものではなく，多様性をも持ち合わせているため，大人たちにすらはっきりとは見えない。いやむしろ，子どもたちの方が，先取りしているかもしれない。

　学校は，教師と子どもの相互作用や教科の学習などを通して，子どもたちにさまざまな知や価値に関するメッセージを発している。ジェンダーについても同様で，学校が発するさまざまなメッセージを，子どもたちは取捨選択しつつ受容していく。本章では，ジェンダーの視点で学校教育の現状をとらえ，男女共同参画社会の形成に学校が果たす役割や教育のもつ可能性を見出したい。

2 ジェンダーの多義性

(1) ジェンダーの諸相

　「さっき，友だちが作ってきた"おから"食べたら，すごくおいしかったんです。」と，ある学生が話しかけてきた。しばらく会話が続き，手製の弁当におからを入れてきたのが男性だったことが筆者にもわかったのだが，今度は女

性の学生が「料理できる男子って，ちょっとイケてますよね」と同意を求めた。

　これは，実際の研究室でのシーンだ。「弁当を作る＝女性」と思い込んでいた人は，この会話に違和感をおぼえたり，あるいは不快に感じたりしたかもしれない。料理は女性がするものという固定観念（＝ジェンダー）に縛られているのだろう。その思考枠組を見直すとともに，すべての男性が料理をしないわけではないことを理解することが，「ジェンダー」にとらわれない態度となる。「ジェンダー」の視点でとらえ直すとは，おおむねこのようなことである。だとすれば，「男子厨房に入らず」と教えられて育った世代にとって，「弁当男子」は，「ジェンダー」から自由な新しい世代にみえるであろう。男性も多様であることがわかるからだ。

　では，現代社会においてジェンダーを議論することは無意味になったのであろうか。そうではない。それは「料理する男性＝イケてる」という感覚に端的に表れている。「イケてる」という女子学生の好意的評価は，料理する男性が一般化していないことを反映しており，同時に，これからの男性はこうあってほしいという願望を内包している。女性が仕事と家庭の両立をしようとすれば，当然ながら男性も仕事ひとすじというわけにはいかないのだから，料理ができる男性はポイントが高くなるわけだ。

　「育休パパ」や「男性保育士」に対して高い評価がされるのも同様である。従来は女性の役割だと思われていた家事や育児，およびそれを土台とした職業領域にかかわる男性の登場は，「ジェンダー」にとらわれていない点で新しい。とはいえ，「男性なのに感心である」という評価枠組みが適用される限りにおいて，「ジェンダーにとらわれていない男性」というジェンダーにとらわれてもいるのだ。社会におけるジェンダーの実態が多様化しつつあるとはいえ，その語り口は「ジェンダーにとらわれているか否か」というジェンダー観にもとづいている。

　近年，日本社会のジェンダーの諸相は錯綜しており，それがわかりにくさの根源のように思われる。そこで，「ジェンダー」という語を簡単に整理することから始めよう。

(2) ジェンダーという言葉

　もともとは文法用語だった「ジェンダー」が，雌雄間の生物学的区分（たとえば，産む性かどうか）にもとづく男女間の文化的な差異を意味する言葉として借用されるようになったのは，60〜70年代の英米においてである（コンネル，2008）。それは，女性であることを理由に差別的な待遇をうけていた働く女性たちの不満に言葉を与えただけではなく，傍目には裕福で幸福そうにみえる主婦たちが抱いていた不安感や焦燥感をも表現する言葉として，第2波フェミニズム運動を興隆させた。女性に生まれたことによる宿命として受け入れてきた抑圧は，生物学的な性差の次元とは異なる社会的な性差によるものだと気づいたのだ。立ちはだかる壁が社会的につくられたものならば，変えられるという大きな期待は，ジェンダーにもとづいた価値や制度の変革を求めるウェーブとなった。

　しかし，その後，女性というだけで同じ抑圧構造下にあるわけではないことや，男性もまた多様であること，さらには生物学的な次元の性別も単純な二元論ではないことなど，ジェンダーをめぐる議論と実態の多様性が解明されるようになったことで，この言葉も多義的に使われるようになった。

　文化が変わればジェンダーが意味する内容が変わるのも当然なのだが，ジェンダー研究が英米の価値にもとづいて「ジェンダー」を追究してきたために，ジェンダーの多様性を見落してきたことが見過ごされてきたのだ。英米のジェンダー研究がもっていたジェンダー・バイアスは，「白人男性中心的な価値」とその構造を敵対視するあまり，結果的に，アジアや第三世界の女性，また男性内の多様性などを周縁に追いやり，不問にしてしまった。

　近年では，西欧近代社会とは異なる諸相のジェンダーも研究されるようになり，加えて，生物学的にも雌雄が厳密には二分できないことが知られるようになり，社会がもつ男女という性別に二分する考え方（ジェンダー）そのものが，生物学的な多様性をあえて雌雄という枠組みに閉じ込めているのではないか，と考えられるようにもなった。このような過程を経て「ジェンダー」という語はより多義的な意味をもつようになった。

(3) 日本における「ジェンダー」

(1)(2)で見たように、「ジェンダー」という語は、その実態や実態を認識する枠組み、また研究上のアプローチなどにおいて変容してきたのだが、日本ではどうだろうか。

日本では、「ジェンダー」という概念は、1980年代後半には知られ始め、草の根の女性たちの学習や運動に言葉を与える一方、大学や社会教育施設で「女性学」講座が開設されるなど公的な場でも使用されるようになった。「ジェンダー」が社会生活や学校教育の場にも関係する語として広まる契機となったのは、男女共同参画社会基本法（1999年6月23日）である。同法第2条では、ジェンダーという語こそ用いていないものの、ジェンダーにとらわれない社会参画が男女共同参画社会であると定義されている。また、行政等において「ジェンダー」という言葉は、「男女共同参画基本計画（第二次）」の定義が広範に使用されている。それは、「生まれつきの生物学的性別（sex）とは区別される、社会によって作り上げられた社会的性別（gender）」とされ、高校までにこの定義を学習した大学生も多いようだ。

同法は、国や地方公共団体に、男女共同参画社会の形成の促進に関する施策の策定、実施を義務付け、また、学校には、それらに対する努力義務を課している（第10条）。国の男女共同参画計画にも「多様な生き方の選択を可能にするための教育・学習」を充実させることが示されている。この点について、自治体レベルで具体的に示されているのは、教員の研修、学校運営・慣行の点検・見直し、家庭科教育の充実、進路・職業指導の充実、児童・生徒用の副教材の作成などである（村松, 2004）。男女混合名簿の実施や、男女別整列や持ち物の色分けの見直しなどの背景には、こうした動向があったのだ。子どもたちは、学習過程だけでなく、学校組織や学校文化からもさまざまな知識や価値を、「隠れたカリキュラム」として学びとるので、性別分離や性別役割分担が必要ないものについて是正されたのである。

以上のような動向は、学校が男女平等な機関であるという人々の思い込みに風穴を開け、ジェンダーの問題が内在していることに気づかせた。しかし、その一方で、なじみのない新しい言葉があいまいなままに使われたことによる誤

解が生じ，混乱も見られた。さまざまな議論が飛び交うなかで，教師たちはジェンダーとどう向き合っていくのか，模索せねばならない。そこで，日本の文脈に即して，ジェンダーと学校教育についてみていこう。

③ ジェンダーと学校

今日の学校教育において，子どもたちの個性を伸ばすことは重要な教育目標であり，それを達成するための支援はどの子どもにも行われているはずである。こうした前提が共有されている社会において，性別に関する不平等が学校に内在していることは気づきにくい。その背景の一端をみていこう。

(1) 男女平等教育の転換

男女平等であるはずの学校教育が，ジェンダーを再生産していることは研究者らが明らかにしてきた。男女平等に寄与する多くの教育実践を行っているのに，ジェンダーを再生産してしまうというパラドックスに，なぜ陥ってしまうのだろうか。その理由のひとつは，これまでの学校がもっていた平等観にある。

従来の学校では，男女それぞれに特性があり，それを尊重し合い協力することを教え学ぶことが重視され，それが男女平等教育だと認識されていたのだ（村松，2004）。このような性別特性教育に立脚した男女平等教育は，子どもたちに，性別という枠組みを与え，その内部での成長だけを支援するという限界を設けてしまう。この場合，一人ひとりの子どもたちの多様な個性が十分に伸ばせない。しかも社会の性別分業を受容し，ジェンダーを再生産してしまう。

それに代わって求められるようになったのは，ジェンダーに縛られない新しい男女平等教育である。それは，「社会的につくられた性による違いの枠に縛られずひとりひとりの個性と可能性を最大限に伸ばし生かすための支援」であり，「男女の画一化ではなく多様性をこそめざす」学校教育で（村松，2004），ジェンダーの再生産に加担しないものだ。

新しい男女平等教育は，学校だけが担うものではないが，子どもたちの社会化機関としても知の正統化機関としても学校の果たす役割は大きいため，以下

で取り上げる。

(2) 学校段階と女性教員比

学校は社会の縮図であり，学校で出会う大人たちは，子どもたちにとって将来のロールモデルのひとつである。そこで，教員のありようをジェンダーの視点で検討しておく。表7-1に，学校種別の女性教員比率を示した。

これを見ると，学校段階が上がると女性教員比率が下がるという傾向が見られる。高校以下の児童・生徒の男女比がほぼ50：50であることを考慮すれば，幼・小では男性教員が，中・高では女性教員が少ないことになる。また，近年設置された中等学校は7割が男性教員，特別支援学校では6割近くが女性教員であり，進学指導が中心となりがちで競争的原理のはたらく学校種では男性が多く，きめ細かなケアを必要とする子どもを対象にした学校種には女性が多い。

さらに『学校教員調査』（文部科学省，2007，図表は省略）によって，教員の年齢構成や管理職の状況をあわせてみると，教員構成上のジェンダー問題が見えてくる。

幼稚園では全年齢層において女性教員の比率が高いが，60歳以上の男女差は小さく，園長などの管理職には男性が多いと思われる。全教員の3割強が25歳

表7-1 校種別教員構成

区分	教員数 本務者			女性比率（%）
	計	男	女	
幼稚園	111,223	7,188	104,040	93.5
小学校	419,309	155,990	263,319	62.8
中学校	249,509	145,896	103,613	41.5
高等学校	241,226	172,431	68,795	28.5
中等教育学校	1,369	937	432	31.6
特別支援学校	68,677	28,340	40,337	58.7
専修学校	41,602	20,430	21,172	50.9
各種学校	9,873	5,961	3,912	39.6

出所）文部科学省，2008，『学校基本調査』（平成20年度）より作成

未満の女性，5割強が30歳未満の女性と，「若い女性」が幼稚園教諭の主要層であることが明瞭である。

小学校では，校長や教頭の2割前後が女性であるが，小学校教員の6割以上が女性であることを踏まえれば，管理職を輩出する比率に顕著な男女差があることになる。55歳未満の各年齢層では女性の比率が圧倒的に高いが，55歳以上になると男女差が小さくなり，60歳以上ではほとんどなくなることから，女性教員が管理職とならず定年前に退職していることがうかがわれる。

中学校や高校の校長や教頭の女性比率は，いずれも1割に満たない。女性教員じたいが少ないことを考慮しても，女性の管理職はかなり低い比率となっている。年齢層ごとにみると，中学でも高校でも20歳代では男女差が小さいが，30歳代以降徐々に拡大し，45歳以上の女性比率は低くなっている。教員の平均年齢には男女差があること（中学；男性44.8歳＞女性42.3歳，高校；男性46.3歳＞女性42.0歳）から，女性教員が管理職になる前に退職していると思われる。

このように，学校段階が上がるにつれて女性教員の比率は下がり，どの学校段階でも管理職には男性が多い。子どもたちのロールモデルには，性別による偏りがあるのだ。

(3) 担当教科と女性教員比

中学や高校は教科担任制なので，その実態を見ておこう。『学校基本調査』（文部科学省，2008）では，男女教員に占める担当教科の比率が示されている。

中学校を見ると（表7-2），国語と英語を担当している女性は全女性教員の2

表7-2　中学校における担当教科

（複数回答）（％）

	国語	社会	数学	理科	音楽	美術	保健体育	技術家庭	外国語（英語）	外国語（英語以外）	その他
男	9.1	15.7	18.8	14.4	2.4	4.6	13.8	7.6	9.9	0.1	57.4
女	19.3	5.5	10.4	6.4	9.4	5.9	7.9	9.8	19.2	0.6	59.3

(1) 2教科以上担任している教員はそれぞれの教科に計上。
(2) 「道徳」，「特別活動」（学級活動（学校給食に係るものを除く。））及び「総合的な学習の時間」は，「その他」に計上。
出所）文部科学省，2008，『学校基本調査』（平成20年度）より作成

割近くと多く，音楽や美術，技術家庭科などの技能系教科の担当比も女性がやや高い。男性の場合は，その他を除くと数学の担当が最も多く18.8％，ついで社会15.7％，理科14.4％，保健体育13.8％となっている。教員の性別によって担当教科に偏りがあることが明瞭である。こうした傾向は，高校でも見られる。先にみたように，中学でも高校でも女性教員数じたいが男性より少ないことから，中学や高校で，理数系や社会科などの女性教員にほとんどめぐりあわない子どもたちもいると考えられる。

このように教科によって担当者の性別に顕著な偏りがあるのだが，教科に属さない養護教諭や栄養教諭の現状も極端だ。これらの男性教員は，中学でも高校でも全国で10人以下しかいない。教科の学習や成績評価に関係せず全生徒と全般的なかかわりをもち，子どもたちにとって安らぎの場を提供する教員の大半は，女性なのである。

以上のように，教員の構成には職階や教科による男女差が見られる。男女の数が問題ではなく，ジェンダーに敏感な教師がいるかどうかが問われるべきなのはもちろんだ。しかし，子どもたちは目の前の大人をロールモデルにしやすいし，また現時点の教師たちが男女平等教育に関する知識の習得や実践に取り組んでいるとは限らないため，数の問題は無視できない。

4　学校知とジェンダー

先にみた数の問題は見えやすい分，変えやすい。もっと複雑で深刻なのは，学校知に潜むジェンダー・バイアスである。われわれの社会は，学校で教える知識や価値を「正しい」とみなし，疑わない。万が一，疑いをもったところで，学校の成績や評価が進学や就職の際に参照されることを気にして，反発などしない。そのため，学校が伝える知や価値は当該社会において「正当」なものとして「正統化」される。こうしたことは学校教育の日常のなかでは気づきにくい。

しかし，このことに敏感になると，学校が新しい男女平等観にもとづく教育実践を行っているのに，ジェンダーの再生産に加担してしまう原因を解明でき

る。教材や教授方法，そして各教科が寄って立つ理論そのものにジェンダー・バイアスが埋め込まれている場合，子どもたちを平等に扱う教師たちの誠意や善意，そして忠実に授業を行う力量と努力は，逆説的にジェンダーを強化してしまう。制度を男女平等に開き，同じ教室で同じ教師が同じ内容を教え，また，男女平等観や教員構成を見直したとしても，それが必ずしも新しい男女平等教育を推進することにならないのは，こうしたメカニズムが潜んでいるからだ。

学校がジェンダーを再生産していると指摘されるようになったのは，1975年の国連女性年や国連女性差別撤廃条約（日本は1985年に批准）などが契機である。国内諸施策の見直しの際に，焦点化されたのは，子どもたちが性別によって異なる知を与えられているという問題であった。日本の場合，家庭科や体育科のようにジェンダー化された教科を見直す必要が生じた。

そこで，教科教育とジェンダーに関する先行研究を見てみよう。上述の2教科に加え，比較的ジェンダーに敏感な教科と思われる社会科，ジェンダーと無縁だと思われる理科を取り上げる。ただし，教科の知をジェンダーの視点で検討した研究は，まだ多くないため，以下でみる教科ごとの重点の置き方の違いは，各教科でのジェンダー問題そのものの違いではなく，各研究者の観点による違いであることをお断りしておきたい。

(1) 家庭科

堀内（2008）によれば，1947年に成立した家庭科は，小学校では男女ともに履修することになっていたが，新制中学校では職業科の選択科目として，女子の履修が想定されていた。新制高等学校（1948～）の普通課程では，実業科の選択教科として位置づけられ，戦前に行われていた女子のための家事・裁縫教育が温存される格好となった。

その後，中学校で新教科「技術・家庭」が登場した1958年の学習指導要領は，「技術＝男子向き」「家庭＝女子向き」という性別によって異なる学習内容を提供し，また，高校では1960年の学習指導要領改訂によって「家庭一般」が女子の必修とされ，性別分離がより強化された。しかし，国際女性年を契機に，国内でも家庭科の男女共修を求める声がいっそう高くなり，1989年の学習指導要

領では男女とも必修となった。特性教育の立場から女子に必要とされた家庭科は，国際的な動向と，上述のような国内の動きによって，男女共に必要な知として学校で学ぶべき教科となったのだ。

実際に高校で家庭科の男女必修化が始まったのは，1994年4月の入学者からで，現在の大学生や20代の若者は，旧い家庭科を知らない。このことは，男女共に学ぶ知として家庭科が根づいていく点で前進を意味するが，しかし，それだけでは「新しい家庭科」とはいえない。

なぜなら，その知の伝達者のほとんどが女性であることに変化がないからだ。堀内（2008）によれば，男女必修化以前に家庭科教員だった男性は全国に数人で，必修化への対応として，他教科の男性教員が家庭科担当者になる時限措置を講じた都県もあるものの，1998年度では0.2％，2001年度に0.1％，2004年度に0.1％と，増えていない。1990年代には「新しい家庭科」の象徴的存在として脚光を浴び，男女共同参画を推進する新しい男性として期待された男性家庭科教員だが，依然として少ないのだ。大学の教員養成課程で家庭科を専攻する男子学生は少ないことから，今後も同様の傾向が続くと推測されている。

このように，ジェンダー化していた家庭科は，男女問わず必要な知と位置づけ直された点で大きく転換したが，教える側のジェンダー問題はまだ残されているのだ。

(2) 体育科

体育が嫌いだとか苦手だった人がいると思うが，その理由は何だっただろうか。もし，エアロビクスやヨーガ，ジムナスティックやハイキングやウォーキングといった学習内容だったとしても，やはり同じように感じただろうか。また，体育が好きだとか得意だった人は，バランスや調整力など神経系の働きに左右される体力要素や防衛体力といわれる免疫力やさまざまなストレスに対する抵抗力にも，優れているだろうか。

上にあげた身体活動は，アメリカやイギリス，北欧などで教えられている体育の一例である。日本の体育科は，競技化，国際化，組織化，数量化，記録の追求などの特徴をもつ近代スポーツがカリキュラムの中心となっており（井谷，

2008),上記のような内容はほとんど扱われていない。これらが得意だったり楽しいと感じる子どもたちは,評価される機会がないのである。このことは,体育の好き嫌いや得手不得手が,限られた学習内容にもとづく判断であることに気づかせてくれる。

井谷(2008)は,カリキュラム・ポリティクスという概念を使って,日本の体育カリキュラムの政治性を読み取っている。そして,学習指導要領に規定された内容がすべての学習者にとって「正統で公正な学習内容」であることを暗黙のうちに認めさせてしまい,規定された内容に対する批判的検討や実際の教育場面で産出される学力較差の拡大や不平等などの矛盾点を議論する余地を狭めている,と指摘する。

井谷(2008)によれば,戦前戦中の「体操」「体錬」にみられた心身を鍛えるという目的的な内容から,スポーツ文化そのものの価値を享受し,フェアなルールでゲームを楽しむ体育へと,戦後日本の体育の理念は大きく変化し,男女共に必修として位置づけられた。その後,1989年改訂の学習指導要領では,①それまで「主として男子」であった武道(格技から改称)と「主として女子」であったダンスが,性によらず選択可能になり,②高校での標準単位数が男女共通となった。この改訂で,ジェンダー化されていない体育へとシフトしたのだ。

1989年がターニングポイントとなったのは家庭科と同様なのだが,体育の場合は今でも男女別の学習が存在しているという。その原因は,①選択制の拡大や方法論を地方行政・学校の判断に任せたことと,②体育カリキュラムそのものについて議論しなかったことにあるという(井谷,2008)。体育カリキュラムが近代スポーツの価値志向を中心に据えていることは見直されないまま,学習者の拡大だけを図ったため,体力の男女差を自明のものとする思想が残存した。すなわち「筋肉重視・脂肪排除」という近代スポーツの原則が維持されたため,男女差が顕著になる第二次性徴期以降は男女別に競うことが「正当」なものとして定着し,「男が優れ,女が劣る」という序列を無意識のうちに浸透させてしまっている。他の身体活動や体力要素が検討されなかったために,ジェンダーの問題を内在したまま,規程だけが男女共修となったのだ。

しかも，選択や方法を学校任せにしたために，近代スポーツの価値を信念とする体育教師が情熱に満ちて教育実践を行うことが続いており（井谷，2006），見直す機会を逸したままなのだ。

誰に教えるかにだけ注目して男女共修を推進しようとしても，それは現場の文法によって形骸化していく。ジェンダーにとらわれない体育の構築のためには，何を教えるか，という知の在り方自体の再検討が必要なのである。

(3) 社会科

社会科は，日本国憲法・教育基本法の精神や理念と強いつながりをもつ教科であり，男女共同参画に関わる法律なども学習する点で，ジェンダー・エクイティを推進する中心教科とみなせる（高橋，2008）。しかし，学習指導要領の記述としては，ジェンダー平等に該当する箇所は少なく，また，教科書の執筆者に女性が少ないという。高橋（2008）によれば，東京書籍の執筆者は，39人中1人（1996），37人中2人（2001），45人中3人（2005）と少ないままである。もちろん，重要なのは執筆者の男女の数ではなくジェンダー視点をもっているかどうかであるが，先述したように，現時点では数の問題はジェンダーの問題としてとらえる必要がある。

具体的な学習内容については，歴史で取り上げるべき人物として挙げられる女性の少なさが指摘されている（2007年改訂小学校で43人中3人）。このことは，歴史上活躍した人物は男性が中心なので自然だとみなされがちである。しかし，そうではなく，通史が政治や戦争を中心とする記述を多く取り上げるため，権力の座についた男性の登場が増える構成になっているにすぎない。歴史学の主流とみなされてきた視点や方法にジェンダー・バイアスがビルドインされているのだ。たとえば，社会史や民衆史のように人々のくらしを視野に入れれば，日常生活や文化面で活躍した女性が登場するし，その活躍が社会変化に及ぼした影響も取り扱うことができる。

高橋（2008）は，こうしたバイアスのない授業を展開してきた。例をあげるなら，フランス革命を取り上げるときに，最初のデモは女性であったことや，「人権宣言」の扉絵には女神が圧制の鎖を断ち切る光景が描かれていること，しか

し，この宣言に女性の人権は含まれていなかったこと，また，女性の人権を主張したオランプ・ドゥ・グーシュ等の女性は断頭台にかけられたことなども取り上げている。また，公民的分野では，結婚し子どもをもつことを標準的家族とみなす書き方になっている教科書の問題を補うため，家族形態には選択の自由があり，多様化を認める必要があることや，結婚や子どもを望んでも実現できない事情の人がいることにも気づかせる試みをし，オンブズマン制度を学習する際には「最近はオンブズまたはオンブズパーソンとよばれている。」という教科書末尾の用語解説にも触れている。

　男女平等教育を牽引する教科とみなされている社会科であるが，教科書執筆者や学習指導要領には男女の不均衡がみられる。また，権力者の歴史に焦点化するカリキュラムによって女性不在の授業になりがちとはいえ，教師の工夫次第で，ジェンダーにとらわれない学習を提供できることも示唆された。「何を教えるか」に加えて「どう教えるか」も問われているのだ。

(4) 理科

　理科は，社会的文化的要素を捨象した客観性にもとづく科学を扱う教科として，ジェンダーとは無縁だと思われているが，女子が苦手だとされる。

　中澤（2008）によれば，1960年代には，科学が苦手であったり理系の進路選択を避けるのは女子自身に問題があるとされ（欠陥理論），女子が変わる必要があるされた。そのため，女子に科学へのアクセスを保障するプログラムの提供などが行われたが，離脱していくケースもみられた。その一因として，「白人男性中心主義」の西欧近代科学そのものがもっている知の在り方や知の追究方法が，女性の社会的位置や経験とは馴染みにくく，結果的に女性排除の機能をもってしまうと指摘されるようになった。

　そこで，変わらなければならないのは，女子ではなく学校や科学である，という視点が登場し，男女両性の学習スタイルや経験，関心にもとづくカリキュラムと教授法が開発されるようになった。ところが，今度はこれらの実践が，女子を単一の同質集団とみなす視点を組み込んでおり多様性を無視していると批判され，その後，女子内部の多様性や他の要因との交差を認める方向へとシ

フトする。ジェンダーはアイデンティティを構成する重要な要素であるがそれだけではない、という視点に立ったジェンダー・インクルーシヴなカリキュラムや教授法が重視されるようになったのだ。それらは、学習者自身のアクティヴな参加を優先する授業や、結果を性急に求めない自己主導的なプログラムの導入、共同作業とコミュニケーションの強調、また多様な形態をとるオープンエンドな評価を含むもので、長らく周縁化されていた人々には効果がある。

ところで、以上のような欧米での動向は、科学知に内在する「白人男性中心主義」が、女性の無視や排除につながっているという前提があり、その見直しが科学や科学教育とジェンダー問題の主題となっている。

一方、日本では、"science"を「科学」ではなく「理科」として位置づけた固有の論理がある。そこには西欧とは異なる自然観・科学観があり、それは学習指導要領にも現れている（藤島、2003）。日本で理科とジェンダーの議論を始めるには、まず「非西欧」として「近代化」を目して「科学」を移入したプロセスから紐解かねばならない。すなわち、理科教育をカリキュラム・ポリティクスの概念で分析する必要があり、この作業が厄介なために、西欧ほどに議論が活性化していないと思われる。

しかし、ジェンダー論が英米のジェンダーを土台としたためにジェンダーの多様性を見落としたのと同じ轍を踏まないためにも、西欧とは異なる日本の「理科」教育とジェンダーの研究が待たれる。そこには、女性不在ではない自然観・科学観にもとづいた理科教育の姿が見出せる可能性もあり、そうだとすれば科学技術とその教育のグローバルスタンダードに新たな地平を開くかもしれない。

5 おわりに

ジェンダーの視点で学校教育を見てみると、教員構成などの「目に見える」次元の問題とともに、各教科の学習内容やその寄って立つ理論などの「目に見えない」次元の問題もあることに気づくだろう。教員の数の問題の是正は困難とはいえ、見えやすい分、何らかの手立てが考えやすい。それに比べて、教科の学習に潜在するジェンダーの問題は見えにくいうえに、学校知として正統化

されている分,解決は難しいと思われる。しかし,ますます多様化する子どもの学習支援が必要となる学校にとって,避けて通るわけにはいかない。学校教育が前提している知の在り方や,知の伝え方それじたいを見つめ直すことが重要なのだ。

考えてみよう

① 「ジェンダー」という言葉をいつどこで知ったか,周りの人たちと情報交換してみよう。

② 中学や高校の時の教科書をジェンダーの視点で見直してみよう。

【引用参考文献】

井谷惠子,2008,「ジェンダー・ポリティクスの視点からみた体育カリキュラムの課題」『国際ジェンダー学会誌』第6号.
井谷惠子・片田孫朝日・若林順子,2006,「体育授業におけるジェンダー体制の生成―高等学校の持久走授業を事例に」『スポーツとジェンダー研究』4.
コンネル,R., 2008,『ジェンダー学の最前線』(多賀太監訳)世界思想社.
高橋美智子,2008,「ジェンダー視点と中学校社会科教育の課題」『国際ジェンダー学会誌』第6号.
中澤智恵,2008,「ジェンダー視点から見た理科教育実践と研究の課題」『国際ジェンダー学会誌』第6号.
藤島弘純,2003,『日本人はなぜ「科学」ではなく「理科」を選んだのか』築地書館.
堀内かおる,2008,「男性家庭科教員のキャリア形成―男女共同参画の象徴を超えて」『国際ジェンダー学会誌』第6号.
村松泰子,2004,「男女共同参画の形成に向けた学校教育の課題」『都市問題』第95巻第2号.

第8章 教育現場と子どもたち

小原 孝久

1 はじめに

　本章では，学校現場を紹介することにより，子ども（生徒）たちは決して勉強嫌いではない，現場の教師はどのような前向きの展望をもちうるのかということについて，一人の高校の社会科教師という立場から述べてみたい。

　教育問題を分析する場合，一般的に批判的な見方や否定的なとらえ方になる場合が多い。しかし前向きの展望をもちづらくとも，現場の教師たちは明日も教壇に立たねばならないのである。私の30年余りの現場経験を振り返ってみると，失敗や懐疑や反省の連続である。しかし同時に，生徒が生き生きする授業，生徒が主体的に学べる授業を創り上げることができた側面もある。以下では，まずそのような授業の成功例を紹介し，そのなかから子どもたちは決して勉強嫌いではないということを示してみたい。次に，その背景となる考え方やその実践の指針を紹介したい。そのうえで，新指導要領の開始という状況のなかで，教育現場の現状をどうとらえるのか，またどのような展望をもちうるのかということについて，ささやかな提言を試みたいと思う。

2 「現代社会」の教室から

　教室の生徒たちは，どのような時に生き生きした姿を見せるのであろう。どのような授業に積極的に取り組もうとするのであろう。どのような授業を求め

ているのであろう。まずは，教室での生徒たちの姿から見ていこう。

(1) スピーチで始まる授業

「気をつけ，礼！」。授業の始まりの挨拶が終わると，黒板にはすでにスピーチに関する資料が板書されている。もう20年以上続いている，私の授業の開始風景である。生徒から始まる授業，これも授業のねらいのひとつである。毎時間2人ずつの生徒が約3分間，思い思いの工夫を凝らしたスピーチを行う。テーマは社会的な問題でもよいし，もっと身近な教育問題や若者論など若者の主張のような内容でもよい。ともかく生徒たちは，仲間の話は熱心に聞く。

スピーチのねらいは，いくつかある。ひとつは，生徒主体の要素を授業に取り入れることである。社会科の授業はどうしても生徒が受け身になりがちである。一方通行でない授業，生徒が活躍できる場のある授業，これらの要素は，生徒たちを生き生きさせるのである。もうひとつ，プレゼン能力や考える力の育成というねらいがある。日本の教育の弱点として，プレゼン能力の弱さが言

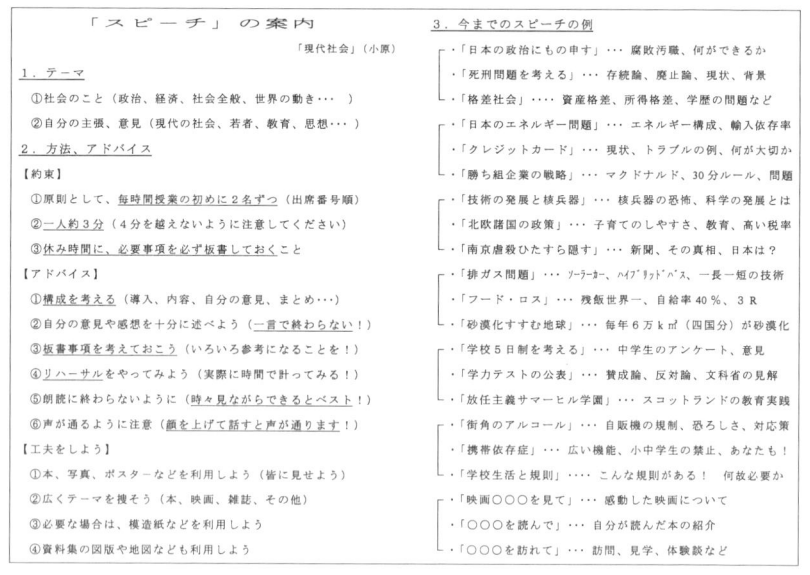

「スピーチ」の案内 「現代社会」(小原)	3．今までのスピーチの例
1．テーマ ①社会のこと（政治，経済，社会全般，世界の動き…） ②自分の主張，意見（現代の社会，若者，教育，思想…） 2．方法，アドバイス 【約束】 ①原則として，毎時間授業の初めに2名ずつ（出席番号順） ②一人約3分（4分を越えないように注意してください） ③休み時間に，必要事項を必ず板書しておくこと 【アドバイス】 ①構成を考える（導入，内容，自分の意見，まとめ…） ②自分の意見や感想を十分に述べよう（一言で終わらない！） ③板書事項を考えておこう（いろいろ参考になることを！） ④リハーサルをやってみよう（実際に時間で計ってみる！） ⑤朗読に終わらないように（時々見ながらできるとベスト！） ⑥声が通るように注意（顔を上げて話すと声が通ります） 【工夫をしよう】 ①本，写真，ポスターなどを利用しよう（皆に見せよう） ②広くテーマを捜そう（本，映画，雑誌，その他） ③必要な場合は，模造紙などを利用しよう ④資料集の図版や地図なども利用しよう	・「日本の政治にもの申す」…腐敗汚職，何ができるか ・「死刑問題を考える」…存続論，廃止論，現状，背景 ・「格差社会」…資産格差，所得格差，学歴の問題など ・「日本のエネルギー問題」…エネルギー構成，輸入依存率 ・「クレジットカード」…現状，トラブルの例，何が大切か ・「勝ち組企業の戦略」…マクドナルド，30分ルール，問題 ・「技術の発展と核兵器」…核兵器の恐怖，科学の発展とは ・「北欧諸国の政策」…子育てのしやすさ，教育，高い税率 ・「南京虐殺ひたすら隠す」…新聞，その真相，日本は？ ・「排ガス問題」…ソーラーカー，ハイブリッドバス，一長一短の技術 ・「フード・ロス」…残飯世界一，自給率40％，3R ・「砂漠化すすむ地球」…毎年6万km²（四国分）が砂漠化 ・「学校5日制を考える」…中学生のアンケート，意見 ・「学力テストの公表」…賛成論，反対論，文科省の見解 ・「放任主義サマーヒル学園」…スコットランドの教育実践 ・「街角のアルコール」…自販機の規制，恐ろしさ，対応策 ・「携帯依存症」…広い機能，小中学生の禁止，あなたも！ ・「学校生活と規則」…こんな規則がある！　何故必要か ・「映画○○○を見て」…感動した映画について ・「○○○を読んで」…自分が読んだ本の紹介 ・「○○○を訪れて」…訪問，見学，体験談など

図8-1 「スピーチの案内」（やり方，アドバイス，工夫）

われて久しい。しかし，機会があれば，生徒たちは十分自己主張をする面をもっている。また，自分で調べる，自分の考えを述べるということは，おのずから生徒自身が考えるという学習活動につながっていく（スピーチに関するさまざまな工夫やアドバイスについては，図8-1を参照）。

スピーチをやることに関して，初めはあまり乗り気でない生徒も多い。しかし友達のスピーチを見聞きするうちに，結構やる気になっていくものである。生徒をその気にさせるコツは，ともかく「誉めること」である。3分間のスピーチのなかには，誉める材料はいくらでも転がっているものである。

生徒たちの声を紹介してみよう。「最初の授業でスピーチをするという話を聞いた時，私の頭のなかには「やりたくない」の文字がすぐ浮かんだ。私はこのスピーチで，人前に出ることに少し慣れることができた。そして何より，自分でもやってみれば結構できるものなんだと気づくことができた。」「自分の意見や主張をもつこと，さらにそれをみんなに話すことはとても大事なことだと思うので，今後もずっと続けていってほしい。」「スピーチをすることで"授業に参加している実感"が味わえる。先生に名前を呼ばれて前に出る。みんなの目があなたに集まる。この瞬間，間違いなくあなたはこの授業の主役だ。今の教育に欠けているものは，まさにこの"実感"なのではないか。」

(2) ビデオを見る，本を読む

今日の授業は，社会科教室でビデオを見る授業である。当たり前のことであるが，無理やり生徒たちにビデオへの関心をもたせることはできない。そのような意味では，用意したビデオを生徒たちが食い入るように見る様子を目にした時は，教師として内心「やったな！」と思う瞬間でもある。憲法第9条を中心に構成した「戦争と平和を考える」授業では，3本のビデオを見せる。被害者としての側面のもの，加害者としての側面のもの，そしてそれらを越えると思われる『原爆をどう教えるか〜日米の教室から〜』[*1]の3本である。

また授業では，できるだけ本の一部を印刷して，生徒たちに読ませるようにしている。このテーマの場合，色川大吉『近代日本の戦争』，本多勝一『中国の旅』，V.E.フランクル『夜と霧』，ヴァイツゼッカー大統領演説『荒れ野の

```
ビデオ『原爆をどう教えるか ～日米の教室から～』     4. 日本の新しい動き
                                              ①石神井東中学
                        〔NHK教育 1995.9.28〕       ・広島修学旅行（事前授業・研究）
1. 導　入             〔MEMO〕                    ・ビデオ（アメリカ人の意見）
 ①イントロ（日米の教室、反核デモ、                    ・生徒の意見の変化
         スミソニアン博物館）                      ②広島への修学旅行
 ②アメリカ人の意見、日本人の意見                      ・語り部の話、平和記念資料館
  〔NHKの調査「原爆投下の是非」〕                    ・生徒達の感想
                                               ・生徒達の話合い
2. 日米の教科書
 ①アメリカ                                  5. ま と め
  ・投下は正当（100万人の犠牲者）                ・「結論を子供に委ねるべき」
  ・教科書の内容の変化                          ・「色々な考え方を視野に入れる」
 ②日　本                                   ・「共通の基盤、知識が必要」
  ・前後のいきさつは習っていない                  ・「フェアであることが必要」
  ・被害者意識が中心                           ・「結論の共有ではなく、問題を
                                                       共有すべき」
3. アメリカの新しい動き
 ①社会科教育会議（ボストン）                 ※原子爆弾投下の意味（？）
                                         【アメリカ】              【日　本】
 ②サマミッシュ高校（シアトル）
  〔高校2年生「アメリカ史」〕                                   ・戦後、ソ連に優位に立ちたい
  ・投下直後の記録映画            本土決戦の犠牲（100万人以上）⇔ ・原子爆弾の実験
  ・ディベート（投下：賛成、反対）                               ・アジアの国だから
  ・マクマナス先生
   「さまざまな結論に達しうる」
   「自分と異なる見解も考えてみる」
```

図8-2 「ビデオ補助プリント」（資料プリント）

40年』，森哲朗『劇画日本国憲法』などの一節を使用している[*2]。

　視聴覚教材のもつ力は大きい。何よりも社会のさまざまな出来事や仕組みを，具体的に目にすることができる。授業の導入として，あるいは知識や考え方を深める手段として，とても有効な教材である（「ビデオの補助プリント」については図8-2を参照）。また，授業で本を読むこともいろいろな意義をもっている。教科書にはない社会の出来事や知識を得ることができるし，教科書とは違った具体的なおもしろさも発見できるのである。

　やはり，生徒たちの声を拾ってみよう。「この授業の良いところとして，やはり多くのビデオ鑑賞があげられる。在日韓国・朝鮮人について，教育改革について，戦争について，経済についてなど，いろいろな分野のビデオが見られて，そのたびごとに日々の生活では考えられない貴重な思考の時間ができた。」「現社の授業で，先生はよく家でできない部分を授業しているとおっしゃっていた。ビデオを見たり本を読んだりして，教科書に書かれているほんの何行かの文章とは比べものにならないような事実を知ることができました。」

(3) グループ討論をする，小論文を書く

私は，「グループ討論」「小論文」というやり方を授業に取り入れている。グループ討論では1班5名程度に分かれ，3～4の論題を設定して，そのなかから各班自由に論題を選び30分ほど話し合いをする。そして授業の後半20分ほどを使って3つ程度の班に報告してもらい，話し合いの内容をクラスのみんなで共有できるように工夫している（「グループ討論の手引き」については図8-3を参照）。小論文はこれまた生徒の苦手とする分野であるが，具体的な書き方を指導し回数を重ねていくと，考えることのおもしろさ，自分自身の考えをもつことの大切さなども伝わる。また，生徒たちの小論文のなかから優れたものを印刷して読ませると，仲間の文章から実に多くのものを学ぶようである。

これら「グループ討論」や「小論文」は，何かの問題についてある程度深く学ぶ「テーマ学習」の，まとめとしてのねらいももっている。まず授業で，そのテーマに関する基本的な知識や構造を理解する。また，本を読んだりビデオを見たりして具体的な知識を広める。次に，仲間と話し合いをすることにより

グループ討論〔日本の教育問題〕

「現代社会」「総合」

1．グループ討論

(1)テーマ

①次のテーマから、どれか1つのテーマについて話し合う

②時間が余ったときは、次のテーマに移っても結構です

(A) 現在の受験制度・学歴社会をどう考えるか

(B)「学校五日制」・「ゆとり教育」をどう考えるか

(C)「日本の教育改革」をどう考えるか

(2)話し合い

①司会者･･･1名　報告者･･･1名　を決める

②司会者は、宿題メモを利用しながら話し合いを進める

③報告者は、「まとめの用紙」に話し合いの要点を記録

・箇条書きの方が発表しやすいです

・まとめの用紙は、授業終了後提出してください

2．全体の予定

(1)グループ討論　･･･　30分程度

班ごとに上記のテーマについて話し合う

(2)各班の報告　･･･　10分程度　〔3つ程度の班〕

各班のテーマを見て、小原推薦あるいは立候補

・自分の班で、どのようなことが話し合われたか

・自分なりのまとめ（無理に一つの結論にまとめない）

【MEMO】（グループ討論、発表時の記録用）

図8-3　グループ討論の手引き（資料プリント）

ものごとの多面性や客観性を学び，同時に自分の考えというものをもてるようにする。最後の小論文は，文章化という作業を通して，自分自身の考え方を客観化することにつながるわけである。

再び，生徒たちの感想を引用してみよう。「私の考えが変わり始めたのは，"日本の教育を考える"のテーマで討論をしたときだ。これはすごく自分に近いテーマという感じがして，積極的に話し合うことができた。自分とはまったく反対の意見をもつ人もいて，改めて考えさせられることもあった。一方的に受ける授業が中心の今の教育のなかで，このような"参加する"授業があってよかったなと私は思う。」「現社の授業と言えば，この小論文ではないだろうか。これには多くの人が頭を抱えたはずだが，やはりこれも"力"になった。特に，物事を多面的に見られるようになったということだ。これは，思っていたよりもはるかに難しい。なぜなら，自分の意見に賛同しつつ，否定しなければならないからだ。まさに，大人への階段ではないだろうか。」

グループ討論

3 「主体的に学べる授業」をめざす

前節では，授業に積極的に取り組む生徒たちの様子を紹介した。その大きな要因として，私は生徒の「主体的な学び」[*3]ということを考えている。なぜ「主体的な学び」が大切なのか，また「主体的な学び」を実現するために私自身はどのような姿勢で授業に臨んでいるのか，以下に述べていきたい。

(1) なぜ「主体的学び」か

2002年から実施されてきた現行の学習指導要領では，「生きる力」を育むことがその目標とされ，それを実現するために子どもが「自ら学び考える力を育てること」が必要であるとしている。この自ら学び考えるというやり方は，今

私が述べた「主体的な学び」と通底するものであると考えている。私の教員歴はもう30年を越えている。その経験のなかで会得し実践してきたのが，生徒たちの「主体的な学び」を取り入れた授業形式であるが，この授業形式が大切であると考えるその理由を以下に述べてみよう。

「主体的な学び」を取り入れた授業では，まず第一に生徒が授業に興味関心を示し，授業のなかで生き生きとした姿を見せる。2節で紹介したように，スピーチ，討論，ディベートなど生徒自身の活動が求められる授業では，当たり前のことであるが生徒自身が授業のなかで生き生きと活動するのである。

また第二に，生徒自身が主体的に授業に関わっていくことで，より社会のことを身近に感じたり，社会のことを考えるきっかけとなる。私自身の30余年の経験から，結局子どもたち自身が考える機会がないと，社会のことを自ら考えていく力（「社会への目」）が育まれないのではないかと考えている。

また第三に，仲間と話し合い考えるという授業形式のなかで，「多面的な見方」や「客観的な見方」が身につくように思う。またそのような経験を通して，自分自身の意見をもつことが求められ，考えることの大切さに気づくといえる。

さらに第四に，そのような授業を創造していく教師自身が活性化される。「主体的な学び」を取り入れた授業の実現のためには，教師側の工夫や努力が求められる。そして，生き生きした授業は教師自身の喜びでもあり，教師の授業創造にさらなる刺激を与えるという相乗効果が現れることにもなる。

(2) 生徒たちが求めるもの

ところで，生徒たちはどのような授業を求めているのだろうか。私自身が実施したアンケートから，以下に簡単にまとめてみよう[*4]。

まず第一に，生徒たちは興味深い授業，熱い授業を求めている。生徒たちは，授業を通して学校が楽しくなることを望んでいるのである。このことは見方を変えれば，教師は授業を通して本当に伝えたい大事なものや重いものを提示し，授業を興味深いもの，熱いものにしなければならないといえる。

第二に，生徒たちは授業のやり方に工夫を求めている。私自身の授業はいま紹介してきたように，「主体的な学び」をめざした工夫をしている。しかしそ

れはあくまでひとつの形といえよう。たとえば「得々と語りかける授業」、「学究的な授業」、「実用的な授業」……，いろいろな形の授業がありうる。そしてそこに，それぞれの工夫や，深い内容や，興味深い扱い方があると考えられる。

第三に，生徒たちは授業を通して，人間や社会を深く考えたいと願っている。各教科に関する基礎的な知識が大事であることはいうまでもない。しかし同時に，人間や社会についての一歩踏み込んだ話をしてくれる教師や大人を求めていることが，生徒の声を通して伝わってくる。

第四に，生徒たちは，教師に対する要望や不満も素直に表明している。教師に「手抜き」を感じたり，「冷たさ（距離）」を感じたりしていることが，生徒たちのアンケートにも記されている。もし生徒たちに，教師や教育に対するあきらめの思いがあるならば，これはわれわれ教師にとってとても悲しいことであり，教師集団として考えていかねばならない問題であるといえる。

記述式のアンケートの内容は多岐にわたるが，ここで代表的なものをひとつ紹介しておこう。「みんなは，ただ授業を聞いてノートを書き写すだけの作業に嫌気がさしていると思う。それはただ教えられ，テストのためにだけ使われる材料でしかないからだ。個人個人の考えなどちっとも反映させられない，暗記中心の作業である。しかし先生の授業は違っていた。意見・考えを常に求められることに最初は戸惑った。スピーチや小論文が嫌だと思った。だが，スピーチからは他人に自分の考えを伝えるための方法を学び取ったし，小論文からは，考えをまとめ，気持を伝えることを学べた。私は普段物事を深く考えることが少なかった。しかし今は，いろんなことを自分なりに考えるようになった。」自分自身への自戒も含め，いろいろ考えさせられる生徒の言葉であると思う。

(3) 授業の指針

以上，私自身の経験と生徒たちの声をもとに，「主体的な学び」の重要性を述べてきた。以下に，その実践における授業の指針を簡単にまとめておこう。

まず，「暗記でない社会科」「一方通行でない授業」をめざしている。一般に，社会科は暗記科目であると考えられている。また社会科の授業自体，生徒たちが受け身になりがちである。社会科の教師がめざすものとして，生徒たちに「社

会への目」をもってほしいということがある。そして，生徒たち自身が社会に目を向け社会のことを考えていくためには，暗記だけに終わらない社会科，自分の意見を出していける場のある授業が必要だと考えるわけである。

　つぎに，そのような授業を実現させるために，「考える授業」，「発言する授業」を実践している。授業のなかに考える機会があり，発言する場が求められれば，授業はおのずから「暗記だけでない」もの，「一方通行でない」ものとなっていく。そして，少しでも生徒たちが「考える力」，「発表力」，「批判できる目」，「多角的視野」などを育めるよう，授業にスピーチ，討論，小論文，ディベートなどを取り入れ，またビデオや具体的な資料を多用している。

　ただこのような授業をめざす場合，基礎的な知識の習得とのかね合い，受験とのかね合いなどが問題となる。「主体的な学び」は，もとより基礎的な知識を軽視するものではない。私は，基礎的な知識の習得と「主体的な学び」は，それぞれの発達段階に応じて，常に併存してよいし併存すべきであると考えている。また，受験は暗記に終始するという見方もあるが，AO入試や国公立大学の2次試験の傾向をよく見ると，生徒の主体的な学習によって身につけられる学力も非常に大切であることがよくわかるのである。

④　本当に勉強嫌いなのか

　本節では，生徒たちの「興味関心」や「主体的な学び」の大切さを確認したうえで，現在すすめられている「ゆとり教育」や，また国際的な学力調査を参考に，「主体的な学び」が求められている現状について述べてみたい。

(1)　「学びからの逃走」，「勉強嫌い」は本当か？

　かなり以前の本になるが，佐藤学の「学びからの逃走」（佐藤，2000）という題名には目を引かれるものがあった。現場の教師の一人として，「そうだよな」という思いと，「そうさせてはならない」という思いが錯綜したのを覚えている。また，国際的な学力比較を行った「学習基本調査—国際6都市調査報告書」（Benesse教育研究開発センター，2008, p.18）の冒頭で，耳塚寛明が，日本のよ

うな豊かな社会では，学習や学歴についての効用認識の低下のため学習への動機づけが困難になると指摘したうえで，「ところが今回のデータは，英米の子どものほうが，東京の子どもたちよりもはるかに学習と学歴の価値を認めており，地位達成アスピレーションが強いことを示している。とすれば，"豊かな社会"仮説は誤りであって，日本社会に固有の問題としてあらためて説明すべき対象になる。」と述べ，日本固有の勉強嫌いを示唆しているのが注目される。あるいはまた，国際的な学力調査に関して，福田誠治がまとめている日本の子どもの勉強嫌いの実態も興味深い。TIMSS（国際数学・理科教育動向調査）によると，中学2年生の場合，「数学の勉強が楽しいか」，「希望の職業に就くために数学は必要か」，「数学の勉強への積極性」などの設問に対し，日本の子どもたちは，国際的な平均の3分の1〜2分の1程度しか肯定的な回答をしていない（福田，2006，p.11）。

　ところで，本当に子どもたちは「学びからの逃走」をしているのであろうか。本当に「勉強嫌い」なのであろうか。私の初任校は都立の工業高校で，授業を成立させること自体がなかなか難しい学校であった。そのような時，たとえば当時話題になっていた鎌田慧の『自動車絶望工場』（現代史出版，1974年：鎌田のデビュー作。当時失業中の鎌田がトヨタで季節工として働き，コンベア労働の実態を日記風にまとめたルポルタージュ）を拾い読みし，労働問題や企業の合理化などについて考えさせるきっかけとした。あるいはまた今でも，チャップリンの映画『モダンタイムス』の冒頭の部分を見せ，やはり労働問題や産業の発達の光と影について考えさせる材料としている。興味深いものには生徒は必ず食いついてくる。それをいかに勉強や学びに結びつけていくかというのも，教師の責任のひとつではないか。生徒の「興味や関心」は，勉強や学びの動機づけとして重要である。

　また2節で述べたように，生徒たちが自ら学べる要素を多く取り入れた「主体的な学び」も，勉強や学びの動機づけとして大きな意義をもつものと考えられる。私の授業での実践は，もちろん「現代社会」や「政治・経済」という公民科の教科に限定されたものであるが，それぞれの科目・教科で，さまざまな工夫や応用が可能であると考える。

(2)「ゆとり教育」がめざしたもの

　「ゆとり教育」という言葉が初めて登場したのは，1977年改訂の学習指導要領であった。そしてその背景には校内暴力・いじめをはじめ，さまざまな学校病理現象の問題があった。その後学習内容の精選や削減が行われ，その総仕上げとして2002年実施の学習指導要領では「生きる力」が目標として設定された。各学校が「ゆとり」のなかで「特色ある教育」を展開し，自ら学び自ら考える力などの「生きる力」を育むことがねらいとされた。また，この「生きる力」の育成については，「総合的な学習の時間」（以下「総合的な学習」と記す）の新設によりその育成をめざすとされた。

　ところで，「総合的な学習」はどのように展開されてきたのであろうか。高校現場でも，ひとつにはその難しさや負担の重さから，もうひとつには受験対応とのかね合いから，必ずしも有効に活用・実践されているとは言い難い。しかし，私は「総合的な学習」は一定の成果をあげていると考える。特に私が注目するのは，「総合的な学習」の導入が各教科に与える影響についてである。「総合的な学習」が提示している「自ら課題を見つけ，自ら学び，自ら考え，主体的に判断し，問題を解決していく」という方法は，あらゆる教科に応用されるべきものではないだろうか。かつて「現代社会」の登場が，公民科や地歴科の内容や教え方に大きな影響を与えたように，「総合的な学習」の方法論は，やはりすべての科目に，「主体的な学び」の重要性という面でさまざまな影響を与えているし，これからも与えていくのではないかと考える。

　2011年から新しい学習指導要領が実施される。一方で30年ぶりに授業時間も学習内容も増加するが，他方で「生きる力」を育むという理念は引き継ぐとしている。授業時間や学習内容の増加については，「学力低下」が社会問題となり，「ゆとり教育」がその元凶のように批判されてきたことが背景にある。また，PISA（OECD「生徒の学習到達度調査」）などで日本の順位が下がったことも一因であろう。しかし，文科省の説明を注意深く聞き，また現行の学習指導要領制定の時からの大きな流れを考えると，文科省のねらいは，「生きる力」の育成の継続あるいは「主体的な学び」の重視に，より力点があると私は考える。

(3) 国際学力調査からわかるもの

　2003年のPISAで，読解力，科学的リテラシーで第1位となり，一躍世界の注目をあびるに至ったフィンランド。そのフィンランドの教育の秘密を，現地の学校の取材および豊富なデータをもとに解析した福田誠治は，その冒頭で2つの大事な指摘をしている（福田，2006，p.3）。

　1つは，「この10年で，ヨーロッパを中心にして先進国の学力観は，知識中心から思考力中心へ，社会に出て実際に使える能力へと転換してきて……，フィンランドはこの変化を実にうまく乗り切った」のに対し，「日本では，いまだに子どもは競争させられ，試験のために勉強し，試験が終われば忘れてしまうような知識を大量に詰め込んでいる。」という指摘である。

　2つめは，「じつは日本でも新しい学び方を広めるために，「ゆとり教育」とか「総合的な学習」が設定されたのだが，知識中心の学力観やテスト体制に阻まれて実現していない。」そして，「いまや，日本ではむしろ訓練的学力観に先祖返りしつつあるような状況である。」という指摘である。

　1つめの指摘について，私も基本的には賛成したい。経済成長を遂げた先進国での学習への動機づけの困難性は，以前から指摘されていることであり，また社会の情報化，グローバル化は，当然新しい学びを要求していると考えられる。ただ教育現場の把握については，ややステレオタイプ的な見方を感じる。現場の個々の教師たちは，それぞれ受験制度や教育行政の壁に悩みながらも，主体的な学びや興味深い授業を模索している。問題は，受験制度と教師一人ひとりを大事にしていない教育行政にあると考えられる。

　2つめの指摘については，日本の現状についての大事な指摘であると思う。ただ，今回の学習指導要領を前向きにとらえるならば，文科省もあきらめていないと見ることもできる。学校現場においても，そのような教育の転換という課題を先取りしていくくらいの意気込みやしたたかさがあってもよいのではないか。教育現場における可能性や責任をそこに見出すこともできるのである。

5 学校現場は何を考えているのか

　最後に，学校現場や教師たちは，この「主体的な学び」をどのようにとらえてきたのか，また，新学習指導要領の実施をひかえ，学校現場では今後どのような展望をもちうるのかについて，述べてみたい。

(1) 学校現場が求める「主体的な学び」

　高校現場での授業，あるいは研究会などでの話し合いなどをもとに考えると，高校での公民科において，「主体的な学び」の重要性はかなり認識されていると感じる。その「主体的な学び」が求められる背景を3つほどあげてみよう。

　1つは，「主体的な学び」が提唱されてきた歴史的背景である。さまざまな学校病理現象を背景に「ゆとり教育」が提唱されたのは，1977年改定の学習指導要領であった。「ゆとり教育」については，賛否を含めさまざまな議論があったが，ここでそれを論ずる紙幅はないので割愛する。しかし，大もとではその「ゆとり教育」の流れのもとで，現行の学習指導要領における「生きる力」の育成が定められ，それを達成する方策として，「総合的な学習」の新設や「主体的な学び」の提唱がなされた。

　学ぶことの中身については，一方で「新学力観」（藤田，2005）や「勉強から学びへ」の提唱（佐藤，2000）などがあり，他方で基礎学力や基礎知識の重要性を指摘するものも多い。しかし，「ゆとり教育」は学びの質を見直そうというものであって，基礎知識を軽視するものではない。各発達段階において，基礎基本の知識習得とともに，主体的な学びが求められると考える。現場の教師としては，「主体的な学び」は生徒たちにとってとても大切なものだと思う。歴史的な流れからみても，以前の知識習得に重点を置いた教え方に戻るということは，それこそ歴史の流れへの逆行であると考える。

　2つめに，現場の教師の目や経験からいえることである。公民科の教師としてこの30年あまりを振り返ってみると，現場の教師たちは，「主体的な学び」の必要性や重要性を感じながら教材研究を重ねてきたと思う。ひとつの大きな

きっかけとなったのは,「現代社会」の登場である。この科目では,それまでの「倫理」「政治・経済」になかった内容が登場するとともに,スピーチ,討論,ディベート,調べ学習など,授業形態についてもさまざまな新しい提唱があった。また「現代社会」の登場が,それまで法令集的だった「資料集」を,具体的事例に関するもの,ビジュアルなものへと大きく変えた。

公民科の教師たちのなかには,いろいろ試行錯誤をくり返しながら,生徒たちが活動できる授業,生徒たちが考える授業というものをめざしてきた者も少なくなかったと思う。そして,2002年の学習指導要領の「主体的な学び」の提唱は,このような生徒たちが自ら考えたり活動したりできる要素の必要性や重要性を再確認できる機会になったと考えられる。

3つめに,生徒の声,要望である。これは私自身のある意味狭い経験ともいえるが,同時に生徒たちの貴重な生の声でもある。これについては,2節ならびに3節に生徒の声も含めて述べたので,それを参照していただきたい。

(2) 今後の展望と課題

前述したように,新しい学習指導要領にみられる文科省の教育内容に対する姿勢は,「学力低下批判」に一定の配慮を示しながらも,「主体的な学び」へのシフトを継続するものであるといえる。そうであるならば,前にも少し述べたが,教育現場がそのような「学力観」の変化や「主体的学び」をどれだけ実現できるか,と読み替えることもできる。学習指導要領でどれだけ理想を掲げようと,ある意味それをどれだけ実現できるかは,学校現場の一人ひとりの教師の実践にかかっているともいえる。

また,「総合的な学習」についても,前述したように,この総合的な学習が各教科や教師の教育方法に与える影響について注目すべきであろう。私は,あらゆる教科が「総合」的な手法を取り入れるべきではないかと考えている。別の言い方をするならば,主体的な学びは「総合的な学習」でという考え方は狭い見方ではないだろうか。どの教科でも,それぞれの教科のやり方でその特性に合わせて,「総合」的な手法,すなわち「主体的な学び」というやり方が求められているのではないか。

「はじめに」でも述べたように、私自身教育現場の現状に楽観的な展望をもつものでは決してない。しかし、明日も教壇に立つ教師の一人として、今求められている「主体的な学び」に可能性を見出し、その実現を図っていければと強く願う。

　最後に、「興味関心のもてる授業」「生徒たちが生き生きする授業」を求める子どもたちの声を引用しておきたい。「この政経で学んだことは、知識だけではなかったと思う。スピーチをすること、討論をすること、小論文を書くことを通じて、思考力、表現力を学ぶ場でもあった。今後の教育に必要なのは、こういった授業形態であると思う。多くの学校が、社会の動きに対応して授業形態を変えてくれることを望みたい。」。「政経の授業は、いわば総合学習であった。国語、社会、理科、家庭科などさまざまな教科を含めた授業だった。そしてそこから、私は「過去の人間が生きてきた歴史」、「現在の人間が生きている事実」、「未来の人間が生きるための課題」を学んだのである。」。「現社の授業で私が学んだものは、今日の日本、いや世界に必要なことなのではないかと考える。視野の狭さは、心の貧しさにつながる気がする。もっといろいろなものを見、経験し、理解し、考えるという作業が必要なのだ。そして物事をさまざまな角度から見て見極めることができるようになることも大切だと思う。」

考えてみよう

① 「主体的な学び」がなぜ大事なのか、自分が考える理由をあげてみよう。

② あなた自身が考える「主体的な学び」の具体例を、あげてみよう。（公民科でも、その他の教科でもよい）

【注】

1　NHK教育テレビ、1995年9月28日放送、45分（約25分視聴）
　　被害者の側面：『予言』子どもたちに世界に！被爆の記録を贈る会、1982年制作、42分（約30分視聴）
　　加害者の側面『戦犯たちの告白〜撫順・大原戦犯管理所1062人の手記〜』1989年8月15日放送：45分（約25分視聴）

2　色川大吉『近代日本の戦争』岩波ジュニア新書No.305, 1998年
　　本多勝一『中国の旅』朝日文庫, 1981年
　　V.E.フランクル『夜と霧』新版, みすず書房, 2002年
　　ヴァイツゼッカー大統領演説『荒れ野の40年』岩波ブックレットNo.58, 1986年
　　森哲朗『劇画日本国憲法』リサーチ出版, 1977年

3　本論考で使う「主体的な学び」という言葉は，生徒たちが「考える力」，「発表力」，「批判できる目」，「多角的視野」などを育めるよう，授業にスピーチ，討論，小論文，ディベートなどを取り入れ，生徒たちが自ら学べる要素を多く取り入れた私自身の授業のやり方を指している。内容的には，現学習指導要領のねらいとされる，「自ら学び自ら考える力などの「生きる力」をはぐくむ」というやり方と通底するものであろう。しかし基本的には，以下に述べる，私自身が30余年にわたって実践してきた授業のなかでの指針ややり方として理解していただきたい。

4　私の授業では，1学期末と学年末に，自由記述方式でアンケートを取っている。内容は①授業を受けた感想，あるいは印象に残ったことなど。②授業についての要望，意見，改善したらよい点，アドバイスなど，の2点である。5年ほど前に，学年末のアンケートをまとめてレジメを作り，その内容についてあるクラスの生徒と話し合ったことがあり，そのまとめも参考にした。

【引用参考文献】

鎌田慧，1974,『自動車絶望工場—ある季節工の日記』現代史出版会.
佐藤学，2000,『「学び」から逃走する子どもたち』岩波ブックレット.
福田誠治，2006,『競争やめたら学力世界一——フィンランド教育の成功』朝日新聞社.
藤田英典，2005,『義務教育を問いなおす』ちくま新書.
Benesse教育研究開発センター, 2008,「学習基本調査　国際6都市調査報告書」.

第9章 海外子女
―子どもと学校と教育のグローバリゼーション―

野崎 与志子・小暮 修三

1 はじめに

　現在，グローバリゼーションの下，多くの人々がある期間を海外で生活した後に自国に再び戻ってくるようなライフスタイルを経験している。なかでも，海外に滞在する日本人の子どもたち，すなわち海外子女への教育は，教育のグローバル化現象として注目に値する（Nozaki, 2010）。しかし，かつて，それはどちらかといえば，「帰国子女問題」として一般にとらえられてきた。本章では，海外子女教育を「教育のグローバル化」という広い視野の下に位置づけ，歴史社会学的に理解することを主眼としてゆく。海外子女の経験は多様なものであり，教育を標準化しようとする国家の試みは達成が困難であり，帰国後の特別な措置に関する政策は問題を抱えている。本章の前半では，既存の長期的統計データを用いたマクロな視点から，海外子女をめぐる時代的な変遷，および，海外の子どもたちに「国民教育」を行うための日本人学校設立の手助けといった日本政府の取組みについて，その歴史的な流れをみてゆく。後半では，1990年代初頭に野崎の行ったアメリカ合衆国の小学校での海外子女に関するエスノグラフィー調査（Nozaki, 1991, 2000）を基に，海外子女の教育経験をミクロな現場から考察する。

　まずは，本章で取り扱う「子どもたち」の範囲について簡単に触れておきたい。

　外務省の統計データでは，海外滞在邦人が以下のように分類されている。①海外渡航者（3ヵ月以内の滞在者），②永住者（原則として在留国より永住権

を認められている日本国籍保有者)、③長期滞在者(3ヵ月以上の滞在者で永住者ではない邦人)。そして、長期滞在者の子どもたちは「海外在留邦人子女」として分類されている。ただし、外務省のカテゴリーである「海外在留邦人子女」には、永住者の子どもたちが含まれておらず、また、義務教育期間の子どもたちに限定されている。よって、海外子女をめぐる教育問題には、永住者の子どもたちや幼児、あるいは高校生・大学生に関わる問題等(たとえば、Kogure, 2008)もあるが、本章では、義務教育期間の海外子女に考察対象を絞ることにする。

② 統計からみる海外子女教育の変遷

(1) 海外子女数の推移

　海外子女にまつわる教育問題は太平洋戦争以前にも存在したが、注目を浴び始めたのは、海外子女の数が急増した1960年代後半から70年代にかけてのことである。海外子女の増加は、まさに日本経済のグローバリゼーションと軌を一にするものだった(Befu & Guichard-Anguis, 2001)。1964年、日本はIMF(国際通貨基金)8条国に移行し、それまで米ドルとの制限為替取引しかできなかった日本円が世界的な通貨として認められた。このことによって、海外取引に際する米ドルとの交換が省略できるようになり、輸出入の拡大が見込まれ、海外渡航の自由化も行われた。それ以降、海外長期滞在者も数を増し、それに伴って海外子女の数も急増したことがうかがえる。

　海外子女数の推移を見ると(図9-1)、1969年の時点で、海外子女は約7千人と推定される。それ以降、海外子女数は増加の一途をたどり、69年から89年の20年間で約6倍に達し、90年代には5万人近くを推移している。90年代後半には若干数が減るものの、2000年代には再び増加しており、08年のデータによれば、海外子女数は約6万1千人を数え、99年からの10年間でおよそ25%も増加していることがわかる。海外子女数の増加は、日本の海外への経済進出の影響だとも指摘されている(箕浦、1984)。

　海外子女のなかでは、小学生の占める割合が最も高く、全体の80%近くを推

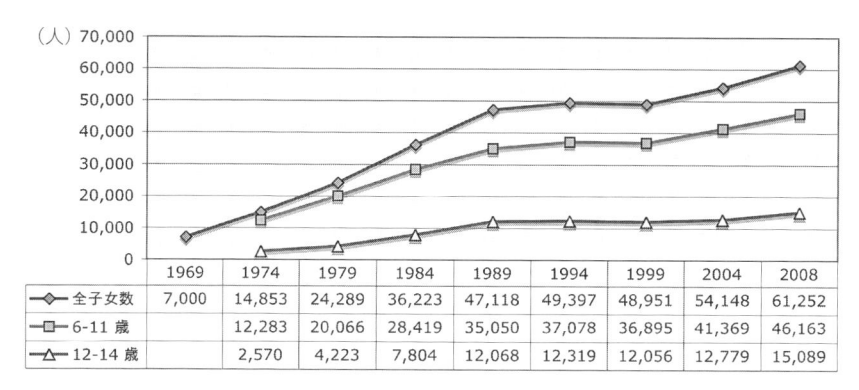

(人)	1969	1974	1979	1984	1989	1994	1999	2004	2008
全子女数	7,000	14,853	24,289	36,223	47,118	49,397	48,951	54,148	61,252
6-11歳		12,283	20,066	28,419	35,050	37,078	36,895	41,369	46,163
12-14歳		2,570	4,223	7,804	12,068	12,319	12,056	12,779	15,089

図9-1　年齢別の海外子女数（6-14歳）

出所）外務省「海外在留邦人調査統計」より作成

移している。その理由の一端には，海外赴任者の多くが中等教育期の子どもたちを日本に残す傾向があげられるだろう。1976年当時，海外赴任の期間が2年から5年までの者は，3,705人の子どもたちを日本に残したまま赴任していたという。その内訳としては，1,809人が小学生，1,012人が中学生，864人が高校生だった（White, 1988）。また，他の理由として，日本企業は将来の幹部候補たる若手社員や中堅社員を海外に赴任させる傾向があり，海外赴任家庭の大部分が若い夫婦であることもあげられる。たとえば，80年代初頭の調査によれば，海外赴任家庭の父親の80％以上が36歳から45歳までの年齢層，母親の80％以上が31歳から40歳までの年齢層で占められていたという（川端・鈴木，1981）。

(2) 海外子女の地域的特徴と日本人学校の特徴

　海外子女数を居住地域別に見てみると（図9-2），アジア地域，北米地域，そしてヨーロッパ地域の三地域が際だっている。ここ数十年では，海外子女の9割ほどがこの三地域に暮らしており，残りは中東，南太平洋地域（オーストラリア等），中南米，アフリカといった世界の各地域に分散している。アジア地域の海外子女数は，1970年代以降つねに増加しており，最近，それまで最も数の多かった北米地域を越えた。割合としては，89年時点で全体の23％に過ぎなかったが，2008年時点では39％にまで及んでいる。逆に，北米地域の海外子女

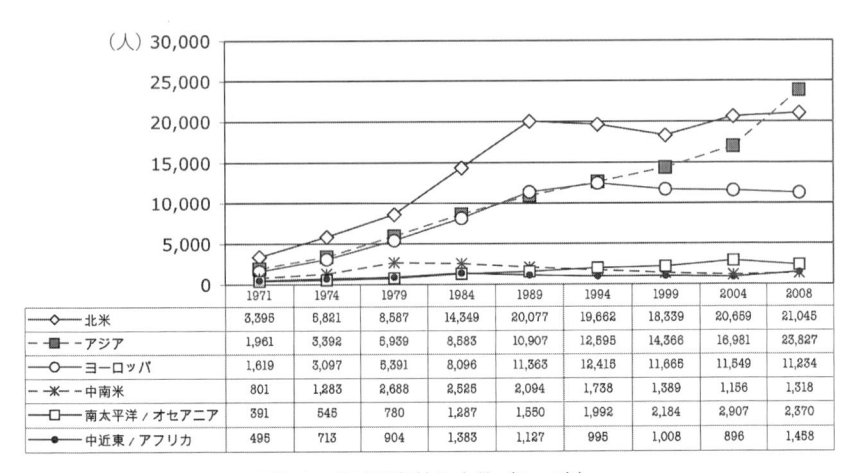

(人)	1971	1974	1979	1984	1989	1994	1999	2004	2008
北米	3,395	5,821	8,587	14,349	20,077	19,662	18,339	20,659	21,045
アジア	1,961	3,392	5,939	8,583	10,907	12,595	14,366	16,981	23,827
ヨーロッパ	1,619	3,097	5,391	8,096	11,363	12,415	11,665	11,549	11,234
中南米	801	1,283	2,688	2,525	2,094	1,738	1,389	1,156	1,318
南太平洋／オセアニア	391	545	780	1,287	1,550	1,992	2,184	2,907	2,370
中近東／アフリカ	495	713	904	1,383	1,127	995	1,008	896	1,458

図9-2　地域別海外子女数（6-14歳）
出所）外務省「海外在留邦人調査統計」より作成

　数は，89年時点で全体の43％だったものの，2008年時点で34％にまで減少している。しかしながら，海外子女数を居住国別に見てみると，アメリカ合衆国が最も多い国となっている。

　海外子女が世界中に分散し，短期間で急激な広がりを見せたことは，日本の教育システムが直面しているグローバル化の複合的な特徴を明確に示している。しかし，日本政府の政策は日本人学校の普及と支援にほぼ限られてきた。海外の日本人学校は，海外在留邦人（および，現地の日本人会等）によって設立され，通常，全日制学校と補習校という２つの形態に類別されている。全日制の日本人学校は，原則的には日本の公教育システムの一部であり，現地国の法的枠組みの範囲内で日本の教育政策や指針に従う学校として認定されている。日本国内の公立・私立学校と同様の法的権利を持ち合わせていないが，その就学年数および卒業資格は日本国内で認められており，進学要件を満たすものとされる。また，現地の言葉ではなく日本語を使って文科省の学習指導要領に従った授業が行われている。全日制の日本人学校へは，通常，日本の学校で教職経験のある教員が教師として赴任しているが，教員免許をもっていない現地の人を補助員として雇用することも多い。

もうひとつの形態である補習校では，現地校等の放課後や週末に授業を行い，可能な限り学習指導要領に従って日本語で各教科を教えている。現地校やインターナショナル・スクールに通っている海外子女たちは，補習校で補助的な教育を受ける。つまり，日本の教育内容や言葉を学び，日本語の能力を維持し，日本で学ぶ特別な知識を修得する。また，補習校では，日本での大学受験のための準備授業を行うこともある。

　日本政府による日本人学校への支援策は長い歴史をもつ。最初の日本人学校は，太平洋戦争前に建てられており，19世紀末に満州で働く日本人労働者の子女のために，日本企業によって創設されたものらしい。20世紀初頭には，日本政府がそのような日本人学校を支援・整備し，50校を数えるまでに至ったという。終戦後の1956年には，タイ王国バンコクの日本大使館に勤める外交官の妻たちが日本語を学ぶためのグループを結成し，この学習会が戦後最初の全日制日本人学校になった（White, 1988）。また，58年には，アメリカの首都ワシントンで日本語クラスが開講し，後に最初の補習校となった。このように，初期の海外日本人学校は日本語クラスとして始まっており，当時，海外在留邦人の親にとって子どもたちの日本語能力の維持が主な関心事だったことがうかがえる。

(3) 日本政府の取り組みと３つの教育タイプ

　1960年代末以降，日本政府は，世界中の日本人学校（全日制および補習校）の支援に力を注いできた。たとえば，程度に差こそあれ，これら日本人学校に財政的な支援策を立案・実施し，日本国内と同様，子どもたちに教科書の無償配布を行っている。69年当時，海外の日本人学校として，22校の全日制と18校の補習校が登録されている（図9-3）。30年後の99年には，96校の全日制と183校の補習校を数えるにまで至っている。2000年の段階では，いくぶんか全日制の数が減ってはいるものの補習校の数は増え続けている。このような日本人学校によって，子どもたちの実際の教育経験は，大きく３つのタイプに分類することができる。全日制の日本人学校に通うタイプ１，現地の学校や教育機会を利用しつつ補習校に通うタイプ２，日本人学校に通わず現地の教育機会のみを

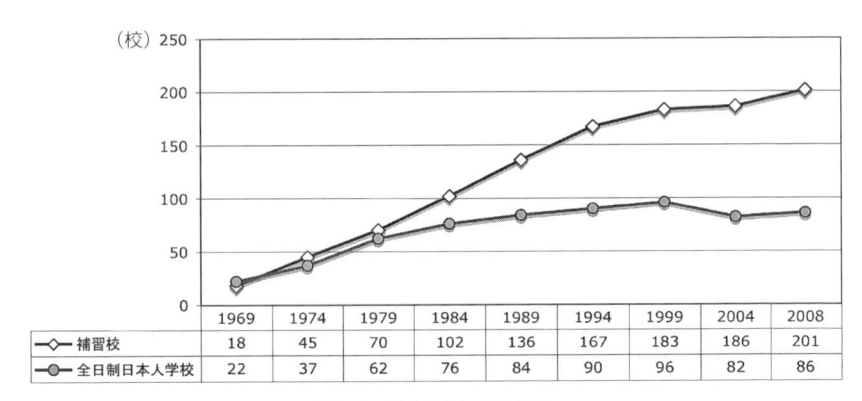

	1969	1974	1979	1984	1989	1994	1999	2004	2008
補習校	18	45	70	102	136	167	183	186	201
全日制日本人学校	22	37	62	76	84	90	96	82	86

図9-3　海外日本人学校数

出所）外務省「海外在留邦人調査統計」より作成

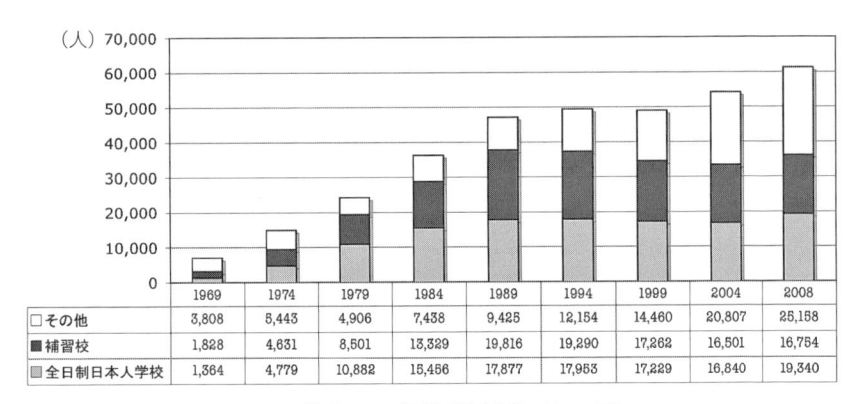

	1969	1974	1979	1984	1989	1994	1999	2004	2008
その他	3,808	5,443	4,906	7,438	9,425	12,154	14,460	20,807	25,158
補習校	1,828	4,631	8,501	13,329	19,816	19,290	17,262	16,501	16,754
全日制日本人学校	1,364	4,779	10,882	15,456	17,877	17,953	17,229	16,840	19,340

図9-4　教育タイプ別海外子女数（6-14歳）

出所）外務省「海外在留邦人調査統計」より作成

利用するタイプ３である。

　タイプの違いから，海外在留邦人が自らの子どもたちのために行う教育機会の選択の変化を見ることができる（図9-4）。1969年から89年までの20年間で，タイプ１とタイプ２の海外子女数が急増し，タイプ１とタイプ２の海外子女数の全体に占める割合も，69年の約46％から89年の約80％へと増加している。しかしながら，90年代から2000年代にかけて，タイプ１とタイプ２の海外子女数

がわずかに減少し，タイプ3の数が増加している。タイプ3の海外子女数の全体に占める割合は，89年にわずか20％だったものの，2008年に至って41％に増えている。すなわち，近年の傾向では，海外在留邦人の親たちの多くが，日本人学校よりも現地の学校やインターナショナル・スクールのような教育機関で子どもたちを教育する選択をしているといえる。

以上のような変化は，おそらく帰国子女に対する日本政府の政策（たとえば，帰国子女に対する大学入学特別枠など），および，日本の帰国子女に対する評価の変化を反映したものと思われる。

(4) 地域別教育タイプの特徴

海外子女の受ける教育タイプは海外在留地域によって異なる（図9-5）。北米地域では，大部分の子どもたちが地元の学校に通いながら補習校にも通うタイプ，つまりタイプ2が主要な教育形態となっている。このことは，日本政府の政策が，アメリカ合衆国のような「先進国」における補習校設立を支援してきたことに関連する。しかし，近年，日本人学校に通わず現地の教育機会のみを利用するタイプ3の生徒が増えていることは特筆に値するだろう。タイプ1とタイプ2に関しては，いままでも注目されてきたが（たとえば，Kobayashi, 1989），近年におけるタイプ3の増加に関しては，十分な研究対象とされてこなかった。

北米地域とは対照的に，アジア地域では，ほとんどの子どもたちが全日制の日本人学校に通うタイプ，つまりタイプ1が多くなっている。同地域では，70年代から80年代にかけて，日本政府と海外子女の親たちが全日制日本人学校の数を増やすよう取り組んできた。しかしながら，ここでも90年代初頭以降，タイプ3の数が増えてきている。また他の地域を見てみると，ヨーロッパ地域ではタイプ1とタイプ2が拮抗しており，南太平洋地域では，近年，タイプ3が全体の割合でも数においても増加している。実際，近年，どの地域においても，海外在留者が日本人学校よりも現地校を選択する傾向にあることがうかがえる（図9-6）。

もちろん，海外子女の受けている実際の教育形態は，以上に述べてきたもの

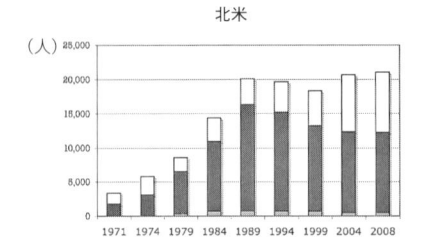

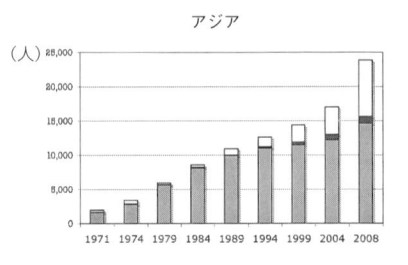

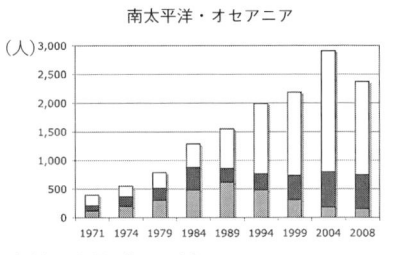

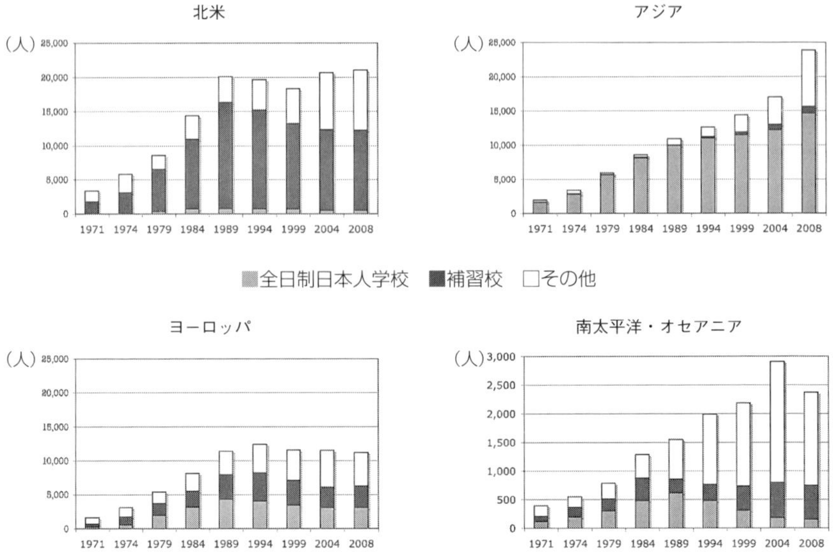

図9-5　地域別・教育タイプ別海外子女数（6-14歳）
出所）外務省「海外在留邦人調査統計」より作成

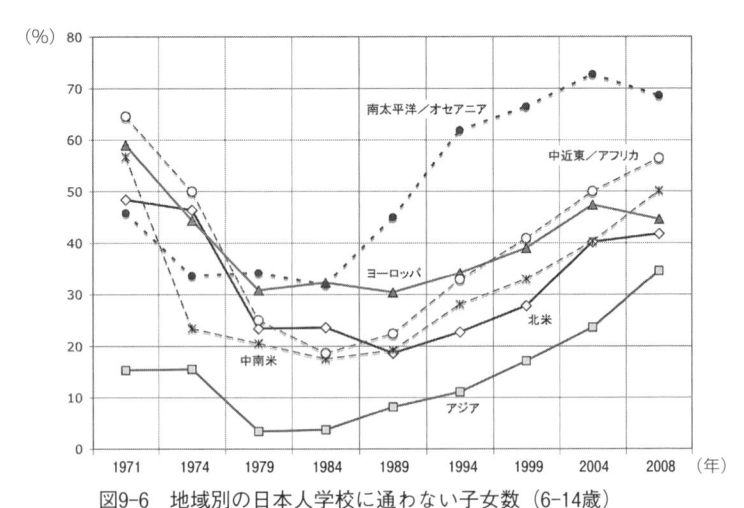

図9-6　地域別の日本人学校に通わない子女数（6-14歳）
出所）外務省「海外在留邦人調査統計」より作成

より複雑であり，大部分の子どもたちはさまざまな教育機会を利用する傾向にある。たとえば，地元の学校に通いながら補習校にも通うタイプ2においても，子どもたちの補習校の利用が放課後だったり週末だったり，通う地元の学校も私立学校だったり公立学校だったり，外国人向けのインターナショナル・スクールだったりする場合もある。また，日本人学校に通わず現地の教育機会のみを利用するタイプ3においても，学校教育の機会の無い子どもなどが含まれている。タイプ2やタイプ3の場合，学校の公用語は日本語以外の現地の言葉であり，子どもたちは，現地の学校教育を通して日本の学校や母国とは異なる文化を経験することになる。そして一般的には，タイプ2やタイプ3の海外子女が，帰国後，タイプ1の子どもたちよりも学問的にも社会的にも日本に再適応するのに時間がかかるといわれている。

さらに，たとえ同じ地域に暮らし同じ教育タイプであろうと，そこでの経験を同一に見なすことには問題がある。海外在留期間は，短くて半年以内，長くて10年以上に及ぶこともある。また，全く同じ地域で暮らしていても，実際に通う学校，学区，教師，クラスメイト等の違いは，教育経験に少なからずの影響を及ぼす。アメリカ合衆国の場合，多くの学校は地域が運営・管理しているゆえ，地域による教育経験の違いも大きなものとなる。したがって，個々の海外子女の教育経験の違いは，統計データだけによって示されるものよりも大きいことが容易に想像し得るだろう。つまり，海外子女の異文化経験（あるいは多文化経験）は，多様な形態をとっているのである。

一般的に，多様な経験を画一的な政策でコントロールしようとするのは困難なものである。海外子女教育においてもこの点は同様だろう。さらに，海外での経験には，日本政府が操作できない類いのものも存在する。たとえば，それぞれの国における人種やジェンダーをめぐる歴史的・社会的な権力のダイナミックスである。以下では，その点について，野崎のエスノグラフィ調査を基に考察してみよう。

③ 海外子女現地校経験のエスノグラフィー調査

　海外子女教育に関する社会学的かつ実証的な研究（特に質的な研究）は，必ずしも多くはない。帰国後に親が自分たちの体験を著述したものは多々あるが（そして，それらは貴重ではあるが），社会学的研究と見なすのは難しい。綿密に理論枠を整理し，フィールドワークを行い，データを収集・分析したわけではないからである。また，帰国後の日本の学校への再適応の困難さという観点から書かれたものが多いからである。

　さらに，アメリカ合衆国での日本人生徒の教育について，英語で発表された研究も多くはなく，あったとしても主に博士論文である。たとえば，ロサンジェルスでのインタビュー調査を通して，日本人の子どものアイデンティティ形成を研究したもの（Minoura, 1979）や，日本企業の進出したオハイオ州近郊の小学校で日本人の子どもの適応プロセスを追ったもの（Farkas, 1983），日本人の多い東海岸の街の小学校でエスノグラフィー調査を行い，アメリカと日本の教育方法の違いを論じたもの（Muro, 1988）などである。このような研究に共通する傾向として，「日本人の子どもたちは合衆国の学校にスムーズに適応する」という言説がアプリオリに想定され，「帰国子女は日本で再適応するのが困難である」という言説を暗に補完している。

　海外子女の教育に関する困難さについて取り扱った著書としては，ニューヨーク市における日本人児童の学校不適応のいくつかのケースを紹介したもの（カニングハム，1988）がある。これは，日本の「帰国子女問題」とは異なる枠組みで，アメリカの移民や滞在者の教育という合衆国の視点から問題をとらえた研究といえるだろう（類似の枠組みを用い，バイリンガル教育の視点から英国の事例を研究したものとして，Yamada-Yamamoto & Richards, 1999がある）。

　アメリカ合衆国の移民教育研究という分野では，日本人の子どもたちは「アジア系移民の子ども」というカテゴリーに入れられる。アジア系移民に関する教育社会学研究は，近年，注目されている分野のひとつである（ただし，日本人の子どもだけを取り上げた研究はさほど多くない）。この分野の長年にわたる重

要な議論のひとつは,「アジア系アメリカ人はモデル・マイノリティである」という言説をめぐるものである。モデル・マイノリティとは,他のマイノリティの手本となるような,まじめで努力する,学校や社会で成功したマイノリティという意味である。多くの文献では,モデル・マイノリティに関する言説が表面的にはアジア系の子どもたちに好意的ではあるが,実際には白人中心主義を維持するためのステレオタイプとして作用することが指摘されている(たとえば, Lee, 1996)。また,アジア系アメリカ人(永住者も含める)の視点から,多文化教育を再検討する試みもなされている(Nozaki, 2000)。なぜなら,アジア系アメリカ人に関しては,グループ内部での多様性の大きさが早くから指摘されてきており,「文化的な差異」という概念の再考を提起するからである。アジア系の子どもたちに「アジア特有の文化」による差異という概念を当てはめると,グループ内での多様性を無視することになる。しかし,個人差というようにとらえると,ひと昔前の「遺伝的な差異」という生得要因による本質主義的な見方に戻ってしまうからである。

　学校という場は,以上のようなさまざまな教育言説のせめぎ合いの場であり,教師の経験も子どもの経験も,そのような言説によって構築されており,少なくとも,その影響を受けていると考えられる。それでは,次に実際の具体例を見てみたい。

(1) パインリバー小学校における日本人の子どものイメージ

　野崎の調査は,アメリカ合衆国中西部の中規模都市であるレイク市パインリバー小学校で行われた。学校の近くには大きな州立大学があり,学区内には世界各国からの留学生や研究者が住んでいた。レイク市およびその近郊には日本人学校が無く,日本人の子どもたちのほとんどはレイク市の公立学校に通っていた。現地の日本人会は,比較的しっかりとしたネットワークを形成していた。パインリバー校は外国人生徒に対する教育がゆきとどいているという評判ではあったが,実際には,合衆国の白人中産階層の価値観を反映し,一斉授業形式の教育が行われていることが多かった。

　パインリバー校の教師たちへのインタビューでは,興味深い矛盾が明らかに

なった。外国人の子どもたちと合衆国の子どもたちとの間の文化的な差異をどのように見るかという問いに対して、すべての教師たちは「大きな文化差はない」と答えたのである。典型的な言葉として出てきたのは、「子どもは子ども、あまり大差ない」というものだった。すなわち、個人差（生得要因）の言説が出てきたのである。他方、教師たちに日本人の子どもについて尋ねると、一様に、「静かで、行儀がよく、よくしつけられていて、頭が良く、まじめで、学校の勉強に興味をもっている」というような答えが返ってきた。日本人の子どもたちに固定的（本質主義的）なイメージをもち、文化的な差異の言説（モデル・マイノリティ言説）が出てきたのである。このような矛盾する2つの言説は、具体的な子どもの教育経験にどのように作用するのだろうか。パインリバー校にあまりうまく適応できなかった次郎のケースを見てみよう。

(2) 次郎のケース

　次郎は、父親の海外研究に伴って、母親と妹の4人家族でレイク市にやってきた。野崎の調査に始めから参加した4人の子どもたちのひとりだった。この4人は、8歳の男女2人ずつで、建は2年生、次郎は3年生、恵理と久美は2年生に所属していた。この4人は、日本で小学校1年生を終えて合衆国にやってきた。日本では4人とも2年生のはずだが、次郎は誕生月が8月よりも早いため、8月下旬始まりの合衆国の学校では、1学年上の3年生に編入されたのである。9月の中旬、教師たちは建と恵理は学校にうまく適応しているが、次郎と久美はうまくいっていないと考えていた。

　野崎の目からみると、建と次郎の学校や家庭での様子は、さほど大きく異なっていたわけではないが、次郎の学校への適応が必ずしもスムーズではなかったのも確かである。たとえば、野崎が初めてパインリバー校を訪問し、たまたま次郎のクラスに案内された時のことである。担任のケープ先生は、黒板の前でクラス全体にその日の予定を告げるとともに出欠をとっていた。その時、ひとりのアジア系の男の子が、ケープ先生の方を見ずに教室の後ろに立っている野崎の方ばかりを見ていることに気がついた。後に、その子が次郎であることを知った。それから2週間ほどして、再びケープ先生のクラスを観察した時に

次のような事が起こった。

　ケープ先生が「(教科書の) 49ページに復習があるから…」と再び言った。どの子も49ページを開けた。次郎は49ページを開けていない。ページをめくっているが、途中でやめてしまう。机にうつぶせになって、隣の子の開いているページの絵を見ている。次郎は自分の開けているページが、その子の開いているページとは違うことに気づいたらしい。彼は、またページをめくりだした。そうこうしているうちに、ケープ先生の「マップ・ブック（地図の作業帳）」についての説明は終わってしまい、先生は「ディクショナリー（単語の意味学習）」プリントの説明を始めた。子どもたちの何人かは、プリントの質問に回答を記入しだしたが、次郎は隣の子を見ている。彼は、また机にうつぶせになった。そして「マップ・ブック」を見ている。次郎の「ディクショナリー」プリントは裏返しのままになっている。ケープ先生は、まだ「ディクショナリー」プリントの説明をしている。次郎はいすに座ったまま、両足をぶらぶらさせ始めた。机のなかから紙を取り出し、何か絵をかきだした。そして、鉛筆と紙で遊び始めた。

　その後、野崎はケープ先生にインタビューを行った。ケープ先生は次郎の授業中の行動に困っているようで、次郎に対するアプローチが成功していないと語った。先生の言葉をそのまま引用すると、「私が算数（のワーク・ブック）のやり方の説明をしていても、次郎はこっちを見ないんです。ほかの子たちを見るということさえしないの。次郎は、他の子たちのやってることを見て、まねしてみようというとこがないの。授業で何をやってるのかということに、本気で注意を払うとこがないんです。だから、私（の次郎への指導）は成功しているとは言えないですね」。そして、ケープ先生は、次郎の特徴を「普通じゃない日本人の子ども」「普通じゃない外国人生徒」というレッテルで表現した。詳しくは、次のように言ったのである。

　私が思うに、次郎は普通の日本人の生徒じゃないですね。私が過去に受けもったほとんどの日本人の生徒は、とても行儀がよかったの。授業に集中するし。勉強にとっても真剣で、とっても良い生徒で、英語ができるようになるとすぐにクラスでやってることに参加したがるの。次郎は、そういった典型的な日本人生徒とは全く違うんです。英語の話せない外国人生徒のほとんどは、他の子がしていることを見ているのよね。でも、次郎は他の子がやってることを見て真似してみようとしないの。

野崎の観察では（もちろん，日本人の元教師の目で見るという少しバイアスのある観察であるが），次郎はまあ「普通の子」だった。教室の中，廊下，校庭での言動は，教師たちから「成功している生徒」と評価された建と大差はなかった。次郎は，パインリバー校に通う他の日本人生徒たちと，たいへん仲良くつきあっていた。次郎の母親は「日本人のどの子とも友だちなんですよ」といい，実際，日本では教師から「人格的には完璧」と評価されていたと語った。しかし，次郎が建と異なっていたのは，誕生月との関係で2年生ではなく3年生に編入されていたことで，彼は学習環境に適応するのが難しいようだった。さらに，次郎は，建にくらべると，教師に対してやや自己主張に欠け，自信が無く，相互依存的で，優柔不断のきらいがあった。自分から野崎に話しかけるようになったのも3ヵ月ぐらいを過ぎてからのことだった。この点に関して，次郎の母は，次郎のことを「保守的」だと表現していた。もちろん，政治的に保守的だということではなく，知らない相手に対して引っ込み思案だという意味である。

　次郎自身は，野崎とのインタビューで，パインリバー校が日本の学校よりも好きで，パインリバー校では普通学級よりもESL（英語の特別学級）のクラスの方が好きだと言った。そして，パインリバー校で一番大変なことは，先生や他の子どもたちと英語で話せないことだと答えた。次郎の両親は，日本の学校は子どもたちをある種の型にはめようとするとして批判的だった。その点では，次郎の経験から，アメリカの学校もさほど変わらないと思うとも語った。次郎の父親は，次郎には「何か」に対して知的な好奇心をもつ人間になってほしいと願っており，その「何か」は必ずしも教師や学校が価値あるとするものでなくてもよいと語った。次郎の両親は，自分たちの教育方針を貫くと言った。この点では，次郎の両親は，建の両親とは少し異なっていた。建の両親は，パインリバー校の教育方針に全面的に賛同するわけではないが，郷に入れば郷に従うと語った。

　パインリバー校のエスノグラフィーから次のようなことがいえるだろう。まず，教師たちが，個人差という言説と文化差という言説の両方を，矛盾を感じること無く用いていたことである。アメリカ人生徒と外国人生徒に違いがある

のかという文化差を尋ねる質問に対しては，子どもは子どもで，文化差というよりは個人差であるという。他方，日本人の子どもに対しては，文化差の言説に立った本質主義的なモデル・マイノリティ的イメージ（ちなみに，一般に「ステレオタイプ」と呼ばれる人種差別を助長する固定的なイメージ）が確立しており，「行儀が良くてまじめな日本人の子ども」といったイメージにあわせて現実をとらえている。残念なことに，2つの言説は，教師が意図するか否かは別として，次郎のような異文化の学校環境にうまく適応できない子どもに対しては，「普通ではない子」というようなレッテルを貼って排除する方向に働いたのである。このように見ると，次郎に問題があったというよりは，文化的な差異をどのように理解し対応するかという教育理論やモデル・マイノリティ言説の方に問題があったといえよう。

4 おわりに

海外子女の親たちは，自分たちの子どもの受験資格といった日本の教育段階に参加するための平等な権利を活発に主張し続けてきた。このような社会的地位に恵まれた親たちの勤める企業や官庁もまた，帰国子女の日本への再適応のためのコース設置などに活発に関わってきた。そのような世論の形成に合わせて，日本政府の政策が一定の成果をおさめてきたことも確かだろう。マスメディアも，そのような動きに多大な関心を寄せて協力的・好意的な姿勢を示してきたといえる。

しかしながら，海外子女教育が日本政府の管理を越えた現地の社会的・歴史的文脈（言説空間）のなかで行われていることを理解することも重要である。たとえば，日本政府はアメリカ合衆国の人種形成の歴史を変えることができないし，そのなかでアジア人やアジア系アメリカ人が構造的・想像的に特定の地位を与えられ続けてきた過去の事実（Omi & Winant, 1986）を変えることはできない。海外子女教育は，現地社会で機能している人種や民族・社会階層・ジェンダーをめぐる特定の権力関係や，そこで流通しているある種の教育言説によって影響を受けているのである。言い換えれば，問題を比較歴史社会学的な

視座から検討することが重要になってくるだろう。

　また，海外での経験から何を学ぶのか，という基本的で哲学的な議論を行う必要もでてくるだろう。たとえば，合衆国の学校で現在も人種差別や偏見があるのは確かであるが，そのような差別や偏見を乗り越えようと，たゆみない努力が払われていることも事実である。そのような歴史的文脈を体験して，日本人の親や子どもたちは，何を学ぶべきなのだろうか。差別する側に立つのだろうか，それとも差別をなくそうとする側に立つのだろうか。それとも，英語さえうまくなれば，あとのことは関係ないという態度をとるのだろうか。グローバル時代を生きる人間の教育は，どのような哲学にもとづくべきか，吟味する必要がある（野崎，1999）。

　海外子女の親たちは子どもの教育に影響力があるというだけでなく，自らの社会階層的背景を持ち合わせており，このことが子どもの家庭教育と海外教育に影響を与えている。多くのデータが示している通り，海外子女の親の社会的・経済的地位は高い。一例として，外務省の統計データにもとづく分析によれば，海外子女の親たちの多くが，日本社会では上流階層に属しており，「成功者」と考えられているという（Muro, 1988）。また，海外子女の親たちのほとんどが，有名大学を卒業して大企業や官庁に勤めていたという独自のサンプル・データもある（White, 1988）。このようなデータから，海外子女は，少なくとも日本の社会階層において「中流の上」に属しているといえるだろう。そして，グローバルな視点から見れば，経済的にかなり富裕な層に属するのである。それゆえ，この社会階層的背景は，海外子女の教育経験だけでなく，帰国後の日本社会への再適応プロセスにも影響を及ぼし，さらには，そのような経験への社会的認知や優遇政策にもつながるものと思われる（Goodman, 1990）。

　海外子女および帰国子女と呼ばれる子どもたちに，特別な存在価値を認め，社会に貢献するグループとして優遇することもひとつの政策ではある。しかしながら，日本社会で育っている外国人の子どもたちの多様性を肯定的に教育に生かすような政策を積極的に推進する必要もあると思われる。

謝辞

本研究の一部は，The Baldy Center for Law & Social Policy（State University of New York at Buffalo）から研究助成を受けた。心から感謝の意を表しておきたい。

考えてみよう

① 日本の学校に通う外国人の子どもたちも，国や民族などさまざまです。たとえば，在日韓国朝鮮人，在日中国人，在日ブラジル人の子どもたちがいますが，その子たちに対する文化本質的イメージ（ステレオタイプ）をもつ人がいたら，どのように対応したらよいか考えてみましょう。

② 留学生や帰国子女に対して，教育援助の機会（または，優遇）を与える政策は，そのような機会をもたない日本人の子どもたちにとって，どのような利点があるのでしょうか。そのような政策は，はたして平等でしょうか。肯定，否定の両方の立場から議論を考えてみましょう。

【引用参考文献】

カニングハム久子，1988，『海外子女教育事情』新潮社．
川端末人・鈴木正幸，1981，「海外日本人の児童・生徒のための教育に関する基礎的研究」『神戸大学教育学部研究集録』第66集．
野崎与志子，1999，「『地球市民』の権利と責任—多文化／異文化教育への批判的アプローチ」『児童心理学の進歩』第38巻．
箕浦康子，1984，『子供の異文化体験—人格形成過程の心理人類学的研究』新思索社．
Befu, Harumi, and Guichard-Anguis, eds., 2001, *Globalizing Japan: Ethnography of the Japanese Presence in Asia, Europe, and America*. London: RoutledgeCurzon.
Farkas, Jennifer B., 1983, "Japanese Overseas Children's American Schooling Experience: A Study of Cross-Cultural Transition." Ph.D. diss., Ohio State University.
Goodman, Roger, 1990, *Japan's "International Youth": The Emergence of New Class of Schoolchildren*. Oxford: Oxford University Press.
Kobayashi, Tetsuya, 1989, "Educational Problems of Returning Children." In Shields, James J. Jr. ed., *Japanese Schooling: Patterns of Socialization, Equality, and Political Control*. University Park, PA: Pennsylvania Stet University Press, 85-93.
Kogure, Shuzo, 2008, *Othering in the Technological Environment: Techno-Orientalism, Techno-Nationalism, and Identity Formation of Japanese College Students in the United States*. Tokyo: Tokyo-Kyogakusha.
Lee, Stacey J., 1996, *Unraveling the "Model Minority" Stereotype: Listening to Asian American Youth*. New York: Teachers College Press.
Minoura, Yasuko, 1979, "Life In-Between: The Acquisition of Cultural Identity

among Japanese Children Living in the United States." Ph.D. Diss., University of California.

Muro, Mariko, 1988, "Acquiring the American Way of Learning: The Cultural and Intellectual Assimilation of Japanese Children into American Elementary School." Ph.D. Diss., Stanford University.

Nozaki, Yoshiko, 1991, "Japanese Chihldren at an American Elementary School." Master's Thesis, University of Wisconsin-Madison.

Nozaki, Yoshiko, 2000, "Essentializing Dilemma and Multiculturalist Pedagogy: An Ethnographic Study of Japanese Children in a U.S. School", *Anthropology and Education Quarterly*, 31(3).

Nozaki, Yoshiko, 2010, "Education of Immigrant and Transient Students in the United States: Globalization and the Diverse Experience of Japanese Overseas Children". In Zhao, Yong ed., *Handbook of Asian Education: A Cultural Perspective*. Mahwahi, NJ: Lawrence Erlbaum.

Omi, Michael and Howard Winant, 1986, *Racial Formation in the United States: From the 1960s to the 1980s (Critical Social Thought)*. New York: Routledge & Kegan Paul.

White, Mary, 1988, *The Japanese Overseas: Can They Go Home Again?* Princeton, NJ: Princeton University Press.

Yamada-Yamamoto, Asako, and Brian J. Richards, eds., 1999, *Japanese Children Abroad: Cultural, Education, and Language Issues*. Clevedon, UK: Multilingual Matters.

第10章 教育的関係性への問い
—教師と子ども—

望月 重信

1 はじめに

　教師と子どもは今日さまざまな問題や課題をもったテーマである。本テーマは，〈教え—学び〉という「教育的関係」を意味するものである。教育的関係というコトバには教師がいかに教室で首尾よく授業をこなすかという課題がこめられている。

　しかし，いまこの教育的関係には，「臨床知」が論議される。たとえば，教育愛，教育的配慮，教育者的気づき，教育的関係性，教育的雰囲気，ヘルバルトの「授業過程の段階」等々。皇紀夫は「教育における臨床知」の役割をこう述べる。「教育研究が臨床知に最大の関心を払うのは，それによって手持ちの教育理解の枠の内部で差異を発見し，在庫品を増やすだけでなく，手持ちの理解の枠自体を発見し，その語りの仕組みに型崩しを仕掛けるからである」（皇，2006，p.94）。

　本章の問題意識は皇の指摘に近い。語りの仕組みにつねに〈創造と破壊〉を試みること。なぜならば教育的関係にはアポリア（解けそうで解きにくい難問）がつきまとうからである。

(1) 教師のまなざし

　教室に入ると教師の2つのまなざしに出会う。1つは授業をしているまなざし。教師のコトバは生徒の顔を窺いながら続く。50分を無事にこなさなくてはならない。教師の頭のなかには発問構成，学習指導要領と授業案がある。そし

て子どもたちの応答や顔を覗き込みながら，みんなが理解してほしい，という願いがある。この後者のまなざしに教師と人間の顔が混在している。

　今日は教育改革の流れに激しいものがある。教師に戸惑いがある。役割としての「教師」と人間としての姿・感情が引き裂かれているといっても過言ではない。指導力の向上，教師力，採用，異動等の計画的人事の配置，OJT研修，管理職候補者の計画的育成，そして人事考課制度等を活用した能力開発や授業力の育成，そのための教職大学院の創設と免許更新制。これらは揺るぎない信頼の確立をめざしたものだ。

(2) 子どもの危機

　かつて1980年代に子ども論が流行した。「子どもがみえなくなった」「子どもが悪になった」「子ども期の消滅」「異界を生きる子どもたち」「異文化としての子ども」等々が教育界やマスコミで取り上げられた。

　子どもの変容に消費社会，業績達成主義，大人の眼の古さなどが指摘された。80年代の「異変」がいまでは危機に変わった。いじめと不登校，体力低下，青少年の薬物汚染，学校裏サイト。最近，『週刊ダイヤモンド』が「子ども危機」を特集した（2009，第97巻30号，ダイヤモンド社）。いくつか掲げてみよう。
・児童を守れぬ児童ポルノ法の瑕疵，・子どもの遊び力を根こそぎ奪う「４大メディア」（テレビ，漫画，ゲーム，ビデオ・DVD），・少子化と子どもの貧困，・小児医療の問題，・貧弱な保育園事情。

　さて，文科省は「子どもと向き合うこと」を取り上げている。しかしそれが単に多忙な教師の時間的な解消をさしているならば根本的な解決にはならないだろう。つぎに教師の世界を覗いてみよう。

２　教師の世界

(1) 教師の生き方と子ども

　子どもの危機が取り上げられているなかで教師の姿勢，態度が問題になっている。その問題の根源を上田薫の指摘から読みとろう。

「日本の学校教育を支配するある流れが，人間を希薄にするなにかささくれたものが危機を生んでいる」（上田，1982, p.3）。上田薫は教師の普段着の姿と教育の全体的な授業の流れや計画に注目して，その２つが柔軟で充実していれば問題の生じる土壌がなくなる，という。そこでは，安直な「児童中心主義」が子ども一人ひとりの現実を曇らせてしまって教師としての『私』（役割として）と子ども一人ひとりの「私」（個性として）がどう生きていこうとしているのかと日常的に問うこと，その問いに教師は向き合うことが求められている。しかし，コトはそう簡単ではない。２つの体制に深い溝がある，縛りがある。いやアポリアがあると思われる。

　上田の指摘のように，たしかに教師は自分の安心のために自分の都合のために子どもたちを既成の枠で押さえてしまう（p.14）。

　子ども一人ひとりを大事にしたい。だれもがそう願っている。しかし，限られた時間のなかで，本時の目標に到達しなければならない。メリハリのある授業をしなければならない，つまり限られた時間の枠のなかで授業を終えなければならないのである。終了のチャイムがなり「今日の授業で子どもたちは理解してくれたのか」と反芻する。ジレンマに満ちた感情が溢れる。

　さらに教師という立場は子どもに対して圧倒的な優位をしめなければ「よい授業ができない」と錯覚する。だから得意な場面で自己を発揮せよといわれる（p.15）。この得意という優位はどこから来るのだろうか？センセイという呼称にその理由をみつけることができる。表向きの意味であるがセンセイという響きに次の意味が込められるとする小浜逸郎の指摘は興味深い（小浜，1995, p.8）。

①普通の人が知らないことを知っている。
②普通の人ができないことができる。
③普通の人よりものをよく考えている。
④普通の人より，それらの知的技術的財産をうまく他の人たちに伝えられる。
⑤これらの条件を備えているために何らかの意味で指導的役割を背負わされている。
⑥これらのすべて，またはいくつかの優位な条件を実践的に駆使することで，社会人としての人格を立てている。

①から③は，潜在的な能力をさしている。④は，現実的な能力。そして⑤は教師＝職業人。⑥は社会人としての人格を教育職員の服務規程のなかに入れて考える（憲法第15条，教育基本法第9条）。ここで小浜がセンセイのなかに，ひとつの「異人性の烙印」といういわくいい難い奇妙な響きを感じ取っていることに注目しよう。

(2) 子ども観と人間観

　他とは違う存在という「烙印」が教師の優位性をつくっていることは予想される。それが教育的関係を成り立たせているのである。その教育的関係の子ども観のひとつにロック（Lock, J., 1632-1704）の「子どもは白紙である」というのがある。つまり，何ももっていない子どもに教育が必要である，という考えである。この子ども観をルソー（Rousseau, J.J., 1712-1778）やペスタロッチ（Pestalozzi, J.H., 1746-1827）は批判した。子どもは感性的存在であり，子どもの内在的な発達の法則に従って育てなければならないとした。

　このロックの子ども観とルソーの子ども観は，現代でも教師にとって重要な課題となっている。

　教師が子どもに対して抱いてしまう人間観のひとつに，教師が十分に調べ念入りに計画すればすべて予定通りにいく，とする錯覚がある（上田，1982, p.24）。教師の教材解釈と授業案づくりは相当のエネルギーを要するものである。だれでも「うまくいく」「うまくいかせたい」と思う。それは自然な気持ちだがここに「子どもを置き去りにしてしまう」という落とし穴がある。

　上田は指摘する。低学年の子どもでも人間である以上，奥行きがある。教師の割りきりを許さぬ厚みがある（p.2）。ここで「奥行き」とか「厚み」とは何を意味しているのだろうか。これは経験を重ねることで獲得されるだろう。

　さて，教師の子ども観と人間観に関係の深い，「専門職」についてつぎに考えてみよう。

(3) 専門職と2つのモデル

　教師は「専門家」（Professional）である。しかし，医師や弁護士のように自

律した専門家ではない。一般に専門職とは公共性と社会的責任を負託されると意味づけることできる。職業としての教師はこの意味を荷なう。ただ、専門職は「化」づけられる要件があるのである。教師の「専門職化」について佐藤学の定義を紹介しよう（佐藤，1996，pp.137-138）。

　佐藤学はショーン（Schön, D., 1983）を引用して２つの系譜をあげる。

　ひとつは「専門性の基礎を専門領域の科学的な知識と技術の成熟度に置き、教師の専門的力量を教科内容の専門的知識と教育学と心理学の科学的な原理や技術で規定する」もの。これを「技術的熟達者」（technical expert）という。ここで、このモデルは中央教育審議会答申（2006）「今後の教員養成・免許制度の在り方」の教職大学院の創設趣旨のすぐれた実践力、応用力を備えたスクール・リーダーの養成にあたる。

　もうひとつの系譜は、「教職を複雑な文脈で複合的な問題の解決を遂行する文化的・社会的実践の領域として設定し、教師の専門的力量を、教育の問題状況に主体的に関与して子どもと生きた関係を取り結び、省察と熟考によって問題を表象し解決策を選択し判断する実践的な見識に求める考え方を基礎とする」（佐藤，1996，p.137）ものである。

　それは「反省的実践家」（reflective practitioner）モデルである。このモデルは「教育職免許法改正」（2007年）で言及された教員免許更新制の内容と関連すると思われる。

　さて、「反省的実践家」のモデルは教師の「専門職性」と深い関係がある。それは、すぐれた資質をもって入職できるようになること、養成の段階でその内容と質に対する説明責任をもたせることなどである。そこで資質能力が重要となる。資質能力は中央教育審議会答申（2006年）でこう規定される（堀井・福本，2009，p.25）。

・教員は、子どもが一生を幸福に、かつ有意義に生きることができる基礎を培うことを職務の本質としている。
・新しい学習指導要領に対応した資質能力が不可避的に求められている。
・学校教育をめぐる状況は大きく変化しており、教員免許状の取得後も、教員として必要な資質能力は常に変化している。

以上のように専門職性が行政で専門職化されることに注目しよう。そして，今日「反省的実践家」が教師の資質能力としていかに大切であるか確認できる。

（4）教育改革と専門職性

　学校教師をめぐる状況は厳しいものがある。資質能力向上政策は個々の教師が現場サイドで諸政策をどのように受け止めるか，実践的な意味づけをいかに行うかという問いを抜きに効果はない（藤原，2007，pp.1-3）。

　ところで，教育改革と専門職性をどのように考えたらいいだろうか？　ウイッティ（Whitty, G.）が的確な指摘をしている。イギリス社会での教育事情を述べていて，わが国にも適用されることばである。長い引用だが記しておきたい。

　　近年の教育諸改革の結果として，教職が『脱専門職化』されたと主張する評論家がいる。一方，諸改革の提唱者たちにいわせれば，教師の専門職性を新しい時代の必要により見合うものにすることによって，そのプロセスは『再専門職化』のひとつとして特徴づけられることになるだろう。（中略）（社会学者の態度をとるならば）これらの多様な立場について，そのうちのどれかひとつが専門職性の本質定義にぴったりと合って他はそれほど合わないとみるのではなく，21世紀の教師の専門職性について互いに競いあう関係にあるいくつもの解釈とみなすのが，たぶん最適であろう（ウイッティ，2002，pp.93-94）。

　さて，改革の論議のなかで，教職をめぐってさまざまな意見が出ている。その理由はどこにあるのだろうか？

　ウイッティはこう述べている。「学校にいくばくかの権限を移譲しながら，同時に中央からより多くの要求を出す，という二元的な戦略があるように思われる」（ウイッティ，2002，pp.104-105）。

　つまり，改革が矛盾さえする諸要素を体現している，というのである。国が教職を「脱-専門職化」（deprofessionalise）しているかどうか速断できない。しかし，一方で「指導力不足教員」や「問題教師」が取り上げられる。また他方で「優秀教員に対する表彰制」「公募制」「FA制」そして「スーパーティーチャー制度」など教師力向上策が掲げられるのである。

　教職員人事行政の取組みが脱専門職から再専門職化（reprofessionalise）しよ

うとする試みを諸改革から読みとれるのである。

(5) 専門職性とアポリア

　教職への新しい入職ルートを開こうとする試みは実は学校現場中心主義に価値をおくものである。それでは，学校中心の「再専門職化」によって子どもとの教育的関係をいかに維持できるのか？　ここで，佐藤学の2つのモデルを思い起こそう。

　技術的熟達者と反省的実践家の二面をもつ教師のアイデンティティに注目してみよう。別のことばでいいかえれば，現場サイドで教師が何を認識するか，またどう表現するかという，「パラダイムの様式」と「語りの様式」を考えてみる（佐藤，1996，pp.138-139）。

　佐藤によれば，前者は教師が研究者に向かう第3人称（複数）あるいは非人称の文体で客観的記述を求める様式である。教育課程と言語の問題，教材解釈の問題がこれにあたる。後者は教師がストーリーテラーの方向で主観性を尊重し一人称（単数および複数）の文体で記述する，という。そしてこの2つの方向性をもつ専門職性はそれぞれ合理的根拠を主張しあって対立し，アポリアを形成する，と佐藤は見ている。このアポリアをどのように考えたらいいだろうか？

　考えてみれば教育関係の対称性は実は「非対称的関係」（走井，2008，pp.150-151）ではないのか。教師は「公僕（public servant）」としての制度的枠組のもとで仕事をする。また一方で，一人ひとりの子どもの実人生にかかわっている。アポリアの根源がまさにここにある。

　つぎに教師にとって最も関連深い子どもと子ども社会について考えよう。

3　子ども社会の変容

(1) 消費社会と学校社会のあいだ

　子どもを取り巻く環境が大きく変化した。特に生活空間，消費生活，メディア環境の変化は，子どもたちの生活スタイルや人間関係の在り方に質，量とも

に大きな変化をもたらした。その変化の質を見極めることは、教師にとって重要なことである。

あらためて指摘することでもないが、戦後の産業構造の変化、とりわけ1960年代半ば以降の高度経済成長の進展は、子ども社会の「生の現実」(実感を味わう、肌で感じるなど)を喪失させた。子どもたちは、家庭と学校を行き来する生活のなかでとどまることを知らない商品市場に囲まれ、電子機器のゲームに興じ、また、携帯やネットでコミュニケーションをする。

子ども社会の「仲間集団の横並び」や「社会性の欠如」などが指摘されるが、子ども一人ひとりが分化(セル)と分属を生きているということであり、その生活様式は大人社会を地で這うように連続していて子ども独自の文化や創造が大人社会のそれと代わり映えしないものとなっている。

子ども社会の変容を引き起こしているもうひとつの要因は大人社会の「市場化原則」が子ども社会にも蔓延っていることである。効率性とライフチャンスの一致、そのためのステップアップ(学歴昂進)が常態となっている。さらに、子ども社会の行動と流儀を動かしている消費社会的価値も見逃せない。

消費社会の構造的特性を考えるに当たって「消費社会」以前の社会を想像してみよう。

馬居政幸はこう指摘している。

「通時的に固定された倫理規範による行動や自己の所属集団への献身、あるいは抽象的な価値(徳目)に基づき、ストイックに行動することが正しく善であることを信じることができた。勤勉、勤労、国家、社会、日本、といった理念(観念)と自己の行為を重ね、全体と個、社会と個人との間に連続性の感覚を持ちえた」(馬居、2000、p.279)。

いま「連続性」を動かしているのは圧倒的に大人であり、子ども社会に選択の猶予もなく、半強制的な手段選びが求められる。子どもの遊びひとつをとっても消費社会以前では、大人は子どもがだれとどこで遊んでいるかわかっているか、わからなくとも自然とわかるほど開放的であった。大人は子どもの生活を知らなくても「生の現実」として肌身で実感した経験を読みとれた。では、子どもたちを「生の現実」から遠ざけたものは何であったか。浜田寿美男は次

のように述べる。

「おとなになるまでのモラトリアム（猶予期間）を与えられ，子どもたちはその機関を学校というシステムに囲い込まれ，消費市場のターゲットとして種々の欲望を煽られながら生きている。気がかりなのは，このなかで子どもたちが何にどのようなリアリティを感じとっているかである」（浜田，2005, p.117）。

「生の現実」を経験するということが学校生活で可能だろうか。教師はこれから子ども社会の現実にどこまで入っていけるのか。この問いの答えは大人社会の深層をさらにみていくなかで見つけていくしかないと思われる。

(2) 消費社会空間としての教室

消費社会はいま子ども社会にどのような様相を起こしているのだろうか？再び馬居政幸の指摘に耳を傾けよう。

> 消費社会は限りなく旧来の常識（文化，規範）と集団（国家，企業，学校，地域，家庭）から個々人を分離し，その意識や行動の正当性を身近な少数の仲間によってしか確認できない状況を一般化した。それは，個々人の意識や行動をアプリオリに正しく善とする前提が崩壊し，その都度，生まれて消えて（消費されて）いく基準（規範）のもとで判断せざるをえなくなることを意味する（馬居，2000, p.279）。

教師はこの指摘のなかの「（子どもの）行動の正当性を身近な少数の仲間によってしか確認できなくなった」点に注目してほしい。ここでは子ども（青年までも）は自己の生活感覚の「個性」感覚がほかの仲間も同じ「個性感覚」をもっていると錯覚している「仲間」である。教室で「ぐにゃ」としていても，ほかの生徒が自分をどのように見ているのか気にしない。「自分はだらしない」とか「ひとはどう思っているのか」といったことが気にならないのは「一般化した『個性』」を子どもは生きているからである。

中央教育審議会の答申「21世紀を展望した我が国の教育の在り方について」（第1次・第2次答申，2006-7）で「生きる力」「考える力」「個性の重視」が取り上げられている。よく考えてみればこのコトバと言説は明確な教育目標がないのである。どのように検証するのかはっきりしない。「状況依存型の自分探

し」といってもいい。行政の答申にみるそのコトバの背景に土井隆義の次の指摘とぴったりと合う「子ども観」がある。

「子どもたちは，自分の潜在的な可能性や適性を自らが主体的に発見し，それぞれの個性に応じてそれらを伸ばすように求められる。言い換えれば1980年代以降の子どもたちは，自分で自分の価値観を作り上げなければならなくなった」（土井, 2008, p.39）。これこそ「子ども中心主義」の現代＝平成版である。

土井はまた，『自分探し』はストレートな自己表現を奨励するように学校が期待することで（学校空間が）私的空間の延長と化してしまう，と述べる。公共空間が「私的空間」化しているという認識を教師はどう考えたらいいのだろう。土井の次の文章に答えがある。

「生徒どうしの関係においても，また教師と生徒の関係においても，内発的な衝動や直感にもとづいた感覚的な共同性が，望ましい人間関係のあり方として称揚されるようになってきたのである」（土井, 2008, pp.40-41）。

「生きる力」にみるように，子どもたちによる子どもたち一人ひとりの主体的な「選び」と「問題解決力」の「学び」は「子ども中心主義」である。たしかに公共性空間の喪失は教師の「生きづらさ」を瞬時でも解消するかもしれない。「教師の生きざま」を曝け出すことは可能だろうし，「教師らしさの否定と対等さ」を呈示することもできるだろう。

しかし，ここでもまた「アポリア」が出現する。教師は専門性を体現しなければならない。公共性空間においてそれは十全に発揮されなければならない。また，土井のいう「感覚的な共同性」は「語りの様式」で可能かもしれない。その発揮は「公共性空間」を壊しかねないのである。

それならば，いま教師にとって「感覚的共同性」の確保できる空間ないし時間はどこにあるだろうか。考えられるのは，教科外指導（各領域），部活，そして「かくれたカリキュラム」，放課後（子ども教室），移動教室等々である。

④ 教師と子どもの未来

本章で筆者が述べたかったことは以下である。

教師と子どもというテーマを「教育的関係」において考えた。しかし,「授業のいい効果をねらう」とか「望ましい生徒との人間関係」といったことをめざしていない。教育的関係の内実はアポリアであることを指摘した。そのアポリアの構造は子どもと生徒化(教室のなかで生徒としてふるまうこと)の「二重性」と教師の「専門職性」に求めた。また,子どもの「生の現実」からの離脱と大人社会からの「個人消費文化的」インパクトを生きる情景を明らかにした。

　また,今日の社会思潮は「新自由主義」と「市場化原則」の「理念」と「陶冶」が圧倒的で大人社会も子ども社会もその生活価値を社会化していて,「親和性」を生きていることを指摘した。

　原田彰は「『消費社会化』時代の子どもと教師」(原田,2003,pp.129-193)という文章のなかで,見田宗介を引用して,その原義である〈消費〉を生の充溢と歓喜の直接的な享受ととらえ,消費社会への転回の可能性に言及している。「今,『消費社会』(＝商品の大衆消費社会)を生きている教師も,みずからの経験を反省的にとらえ直しながら,こうした展望を切り拓く試みに加わる必要があるのではないか」(原田,2003,pp.180-181)。

　その背景の哲学として原田彰は「子どもが大人になるということについて,生活のなかで学校はその仕掛けとなる『物語』をつくる力を持っているのだろうか」(p.192)と疑問を投げているのである。

　また,もう消費者としての地位を確立してしまっている子どもを相手に教師はどのような「勉強」が必要か,それを念頭に「機敏」に行動できるようこれからの教師に求めている(p.139)。

　原田彰の指摘は理解できなくはない。しかし現実の教師はどこでトリックスター(仕掛け)を「演じる」ことができるだろう。教師は自覚と勉強はできる。また,教科外学習(道徳,特別活動),総合的学習の時間,市民科,また「朝の読書時間」などで可能性はなくはない。「学級王国」をめざすならば可能かもしれないが,教師ひとりでは不可能に近いと筆者には思われる。しかし孤軍奮闘(個人プレイ)でも「物語」を作りたい。

　物語の創造において管理職の「判断」を待つしかないといえばそれまでのこ

とだが,「個人プレイ」はまた一方でナショナル・スタンダードをいかに外すかというアポリアをもつことになる。

　中央教育審議会の答申「新しい時代の義務教育を創造する」(2005年10月)でそれぞれの地域の創意工夫を生かした特色ある学校づくりを進める,と奨励されている。ここでもっと「ローカル・オプティマム」(地域独自の最適な状態)の道筋を拓くことができるかが,問われる。ここでアポリアを解消できるだろうか。また原田の指摘する『物語』をつくる力を教師に提供できるかがカギとなろう。

　このことは子どもの未来を考える教師にこれから何が求められているのかという大きな課題をつきつけているように思われる。

　教師は教職の仕事に現出するアポリアを解消することができるだろうか。教育事象に対して私たちは教育問題を読み「問題」視する。そのために「教師—子ども解釈コード」を研いでいくことを常にしてきた。たとえば子ども解釈,カリキュラム解釈,学校組織解釈,学校評価解釈,保護者解釈等々,教師と子どもにまとわりつく「関係性構造」を読み解く『コード』を模索してきた。

　コードとは近藤邦夫の「子ども解釈コード」(近藤, 1995, p.141)とからめていえばバリュー・フリー(特定の価値にとらわれない)で「問題」認識を学校の指導実践と容易に結びつけて「物語」化しない,柔軟な倫理感覚である。それはむしろ「問題」認識を「問題」化しつづけるための営みであり,「語りの手法と流儀」を構築するものである。

　今日の構造改革は自明視されてきた教育実践の秩序性を揺るがしている。そのこと自体は悪いことではないとしても看過できない。また,改革は,教師と子どもの「関係づくり」そのものの論理と教育観を変えつつあるように思える。問題はそのような「脱専門職化」と「再専門職化」の流れに教師は乗るか,乗らないかではなく,アポリアからくることかもしれないが学校と学級の「なんとも言えない」,うのみできないという気風と事態を冷静に眺める姿勢だけはもちつづけておきたい。油布佐和子は「教師・教職に期待されるもの—解説」(油布, 2009)でこう述べている。

　「現実としての官僚制の強化と,原則としての専門職性の主張は,その議論

のどこに現実的・理論的着地点を見るのか。また，そもそもわが国の場合，教育公務員としての教師が『専門職化』するということは，どういうことなのだろうか」(p.326)。

なにも着地点を見つけて降りる必要はない。筆者には「専門職」が『化』する構造を引き受けては剥がすという一種の「シーシュポスの神話」(徒労ではない，不条理ともいうべきもの。原義はカミユ (Camus, A., 1913-1960)) の生き方を生きるしかないと思われるのである。それでも「子どもとは何か」「教師とは何か」という問いだけは問い続けていきたい。

> **考えてみよう**
>
> ① 教師たちはいま，どのような困難に直面しているか？　教育や行政の新聞論調等からそのコトバや言説を拾って考えてみよう。
>
> ② 子どもの「生の現実」とはなにか？　またいつごろからどんな社会・文化的背景のもとで変容したか考えてみよう。
>
> ③ 教師と子どもの「教育的関係」がどうしてアポリアなのか考えてみよう。また，この考えの是非について話し合ってみよう。

【引用参考文献】

ウイッティ，G., 2004,『教育改革の社会学―市場，公教育，シティズンシップ』(堀尾輝久・久冨善之監訳) 東京大学出版会.
上田薫, 1982,『教師の生きかたと授業』明治図書.
馬居政, 2000,「消費社会の子どもたちのゆくえ―子ども文化の変容」谷川彰英・無藤隆・門脇厚司編『21世紀の教育と子どもたち，迷走する現代と子どもたち』東京書籍.
小浜逸郎, 1995,『先生の現象学』世織書房.
近藤邦夫, 1995,『教師と子どもの関係づくり』東京大学出版会.
佐藤学, 1996,『教育方法学』岩波書店.
佐藤学, 1997,『教師というアポリア』世織書房.
皇紀夫, 2006,「教育学における臨床知の所在と役割」鈴木晶子編『これは教育学ではない』冬弓舎.
土井隆義, 2008,『友だち地獄　空気を読む世代のサバイバル』ちくま新書.
走井洋一, 2009,「子ども・教師・教育的関係」紺野祐・走井洋一ほか編『教育の現在―子ども・教育・学校をみつめなおす』学術出版会.

浜田寿美男，2005，『子どものリアリティ　学校のバーチャリティ』岩波書店．
原田彰，2003，『教師論の現在―文芸からみた子どもと教師』北大路書房．
藤原顕，2007，「現代教師論の論点」グループディダクティカ編『学びのための教師論』勁草書房．
堀井啓幸・福本みちよ，2009，『図解でつかむ！実践教育法規2009』小学館．
油布佐和子，2009，「教師・教職に期待されるもの　解説」広田照幸監修『リーディングズ，日本の教育と社会15　教師という仕事』日本図書センター．
Schön, D.A., 1983, *The Reflective Practioner: How Professionals Think in Action*, Basic Book.（ショーン，D.A.，2007，『省察的実践とは何か―プロフェショナルの行為と思考』鳳書房）

第11章 脱学校論のいま
―学校教育の可能性と制約―

大倉 健太郎

1 はじめに

　イリッチ（Illich, I.）の『脱学校の社会』が邦訳されて間もない頃，1980年に総理府が世界6ヵ国で母親と10歳から15歳の子どもを対象にあるアンケートを実施している。そのなかで，「母親および子供が『絶対にしてはいけない』と考えること」という問いかけに対し，日本の母親および子どもは他の5カ国に比べ「先生のいうことに従わない」ことを「してはならないこと」として考えている値が最も低く，その一方で「学校をさぼる」ことは好ましくないと感じている値が高いことについて，藤田英典はすでに「学校の重要性は消極的なもの」でしかないと述べている[*1]（藤田，1991，pp.11-17）。学校教育の形骸化や，学校に通うことに対する自明性のゆらぎを指摘する理由には，1980年ころから小・中学校における長期欠席者の数が顕著に増加した現象がその背景にある（1980年の5万7千人から2000年代には13万人超へ）。

　しかし，こうした脱学校の現象や識者らの問題意識は広く世間に共有されることがなかった。日本はバブル経済期を迎えることで就職は「売り手市場」となり，学歴稼ぎと呼ばれる教育インフレの時代が，学校で学ぶ意味の再審の機会を一層失わせてしまうこととなる。バブル崩壊後には，大学新設ラッシュによって大学全入時代が始まり，教育の規制緩和はこれに拍車をかけた。教育の機会は拡大する一方で，その中身は論じられないまま，就職市場が縮小を続けていくことで，子どもたちの間には一種のアノミー状況が生じているという（苅

谷, 2003)。彼らの欲求不満は, 世間に向けられるわけでもなく, 大人からの突きつけられる昨今の「若者劣化論」や「ゆとり世代」批判も手伝ってか, 自分らしさや自分探しへといった「閉じられた問い」となって表出している[*2]。

本章では, 学校を近代的な所産として批判的にとらえ直す脱学校論の視点に立ち, 学校という場が人間関係の秩序や関係構築に影響してきた点を指摘したうえで, 今後の学校のゆくえについて示唆したい。

2 近代の学校を支えるもの

森鴎外の『舞姫』には, 片親に育てられたひとり息子が帝国大学法学部を経て, 官吏として海外へ赴任する様子が登場する。「余は幼き此より厳しき庭の訓えを受けし甲斐に, 父をば早く喪ひつれど, 学問の荒み衰ふることなく…(中略)…大学法学部に入りし後も, 太田豊太郎といふ名はいつも一級の首にしるされたりしに, 一人子の我を力になして世を渡る母の心は慰みけらし。十九の歳には学士の称を受けて…(後略)」(森, 1984, p.236)。明治の時代とは, 実に身分制を含む旧弊からの脱却としてとらえられ, 属性主義とは別に, 業績主義という社会的な価値観を生み出した。とりわけ, 軍隊と学校では時の勅語が示すように, 身分よりも職務や礼節を重んじている。しばしば, 近代国家が天皇制と結びつき, 強大な中央集権制度の下, 国家への帰属を強制したと表現されるが, それと同時に, 封建制からの「解放」を意味した点も見落とせない。

しかし, 「解放」とは, すべてのしがらみから人々を自由にしたわけではなかった。すなわち, 人々は別のしがらみへと絡みとられていくことになる。近代国家の誕生は, 学校, 軍隊, 工場, 病院, 監獄を通じて, 人々の考え方のみならず, 身体や感情までも, 標準化し共時化することで集団として管理されていくことになる[*3]。さらに, 産業構造が農業中心から工業中心へと転換するなかで, 農民から工場労働者へ, 領民から国民へと, そのアイデンティティは書き換えられていく。まさに, 学校とは良き労働者, 良き国民へと子どもたちを育成していく重要な担い手として考えられていた。

人々にこれまでとは異なったアイデンティティを付与し, 国家という共同体

へと繋ぎとめる再作業の役割を学校が果たすようになった理由には，西ヨーロッパの例でいえば，それまでのカトリック教会に対するプロテスタントの勢力の台頭と関係が挙げられる（森，1998）。すなわち，領邦絶対君主を含むプロテスタント勢力は，学校を利用した文化政策を通じて，非カトリック地域の構築をめざした。そのため，学校教育は義務化されながら教会に代わって拡張し，学校において，それまでのカトリック教会とは異なった規範が教授内容や方法を通じて施される。日本では，儒学に代わって，実学と呼ばれた洋学と国学が，国家的統一を背景にして，国民皆学と養才教化を進め，地域主義を超えて国民的アイデンティティの形成と人材育成に貢献していく（勝田・中内，1966）。公教育としての学校は，幕府の一部に知識や技術が占有された時代とは異なり，洋学や国学による新しい知識や技術は広く庶民へと開放され，科学と社会秩序をもたらした。学制発布からおよそ30年をかけ，より多くの人々が学校を経るにつれ，彼らは国民というアイデンティティのカテゴリーへと摂り込まれ，これまでとは異なった資質をもったマンパワーへと変貌していくこととなる。

3 摂り込みと振り分け装置としての学校

　国民皆学を促した「学制」発布後，まもなくして「小学教則」が示され，具体的に授業の要旨と課題，そして学習進度を指し示している。すなわち，この時点ですでに教授内容の標準化が企図され，明治37年に国定教科書の使用が始まると子どもたちの間で学びが共有化されていくこととなる。これによって，子どもたちの学習経験（さらには世界観）は教育課程によって共有化が図られ，能力は一元的な尺度によって開発され，計測される一歩を踏み出したといってもよい。

　天野郁夫は学校教育システムの最も重要な点をその「階梯的構造」としているが，教育課程はそれを顕著に表している。「知識は学年と学校の序列に対応して，単純なものから複雑なものへ，一般的なものから学問的なものへ，低次なものから高次なものへと配列・編成されており」，（それまで一部の集団や階級によって独占されていた）知識がすべての子どもたちを包含していく（天野，

1999, pp.141-142)。そして，知識の習得段階によって（または，進学の度合いに応じて）学歴が付与され，彼らは学歴によって職業集団に振り分けられていく。

　国民という集団的アイデンティティへの包摂過程は，知識や技術だけでなく，子どもたちの身体を標準化する「体づくり」を通じても行われる。「兵式体操」や「唱歌教育」の学校教育への導入は，国民すべてが同じように整列や行進を軸とした集団移動やリズムを刻めることにその目的を置いていた。杉田敦によれば，こうして学校で作り出された従順な身体は，「富国強兵」にとって都合のよいものであったとしている（杉田, 1998）。さらに興味深いことに，教育課程以外の生活指導においても，子どもたちは共通の観念と実践を体得していく。たとえば，時間厳守の指導がそれにあたる（西本, 2001）。時間という概念を学ぶことは，同時に時間に合わせて行動できることを意図する。また，時間を守れば褒められ，破れば罰を与えられるといった具合に，時間という客観的で一元的な尺度は道徳的感覚を伴って子どもたちをまとめ上げ，場合によっては「直立」と「留置」といった懲罰を与えることを正当化した。学制の翌年に出された「小学生生徒心得」には，「毎日参校ハ受業時限十分前タルベシ」と記され，遅刻の際にはその理由を教師に報告するように指示している。時間の観念と実践の学習は，子どもたちのみならず，用務員から教員まですべてに至り，「授業ノ時刻至レバ一同遅速ナキ様教場ニ至ラシメ順序ニ就科シムベシ」と教員に指導を求めており，学校に関わるすべての人の経験が共時化されていく。

　学びという経験の共有化は，時間の観念と実践を通じてのみならず，空間についても同様である。モントリオール・システムに倣った一斉授業の形は，今日あたり前のように目にする授業光景であり，黒板を背にした教師に対し，子どもたちは正面を向いて整然と授業を受けている図式である。子どもたちがたとえどこに転校したとしても，彼らは自然と正面に向かって座ることができるのは，学校空間が国内において統一されているからである。寺崎弘昭によれば，明治の初めにおいて，子どもたちは教室に入ると着席するまで「一・二・三・四」といった号令に従って行動していたと指摘し，こうした指導は子どもたちの内側に「学習というワークにまつわる身体技法を習慣（ハビトゥス）として

学習行動の一斉性の中で形成する」ことにあるとしている（寺崎・天野，1999，pp.260-264）。学校とは，実に共時的な空間であった。

　学校は教育課程から教科書，生活指導，教室環境の隅々に至るまで，子どもたちの経験を平準化し，物の見方や感じ方に共通の枠組みを与えることで集団としての自覚と資格を与えていった。同時に，いったん，集団に摂り込まれると知識の習得レベルに応じて，それぞれ職業へと振り分けられ，みんなが時間の概念を習得すれば，時刻を守ることで子どもは勤勉と称され，時間を浪費すれば子どもは戒められる対象として振り分けられることになる。

　戦後における教育改革は，小・中学校を義務化することで教育機会を拡大し，さらに多くの子どもたちを学校教育システムへと長期間に渡って摂り込んでいった。さらにこうした「教育の民主化と平等化」は，「中等教育を中学校と高校に分離し，また従来密接であった高校と大学との結びつきを弱め」，高校の進学率を押し上げたことで，肥大化した学校教育のシステム内で子どもたち同士の葛藤が激しさを増すこととなる（大内ほか，2000，p.232）。このような日本の状況をトーマス・ローレンは集団心理による「殺到」と形容し，殺到した子どもたちは「受験戦争」というサバイバル・ゲームの結果，進学か就職へと割り振りされる（ローレン，1983，p.84）。外国人研究者は，3月における男子の自殺率の高さを指摘したうえで，日本の学校では幅広い教育目的がなおざりにされていると指摘している（OECD教育調査団，1972，p.89）。

　換言すれば，教育機会の拡大と教育期間の延長は子どもを学校教育システムへの囲い込む一方，中等教育の再編と高校全入を通じて，大学進学が子どもたちの職業選択への「ふるい」として機能することとなる。子どもの囲い込みは，義務教育の延長以外に，PTAとの関係強化にもみられる。PTAは，教員との一時的な対立を乗り越えて，家庭の学校支援や学校との連携，教員との相互理解や共感を育んできた（日本PTA全国協議会，2009）。さらには，ボランティア活動や地域活動が学校教育の中に吸収されていくことで，従来，青年団を中心とした社会教育が果たした役割に取って代わり，子どもたちの成長が学校と家庭の関係において完結するような条件が今日整いつつある[*4]。

4　学校的価値の臨界点

　学校への強い求心力は，身分制の崩壊と能力主義の誕生によって生じ，極端な国家主義によって増幅したが，戦後は国土復興と教育の民主化を背景に維持されつづけてきた。また，日本の学校は，経済大国日本の原動力として，その効果が認められてきた（ヴォーゲル，1979）。しかしながら，こうした学校の求心力は昨今弱まり，一部の力を他に委譲しつつある。

　ニール・ポストマン（Postman, Neil）は，マス・メディアの発達が子ども，大人に関係なく広く知識をもたらすようになったと指摘し，もはや子どもと大人の境界は崩れ，認識論上，子どもは大人と同じ世界に住むようになった，と主張する（ポストマン，1995）。すでに，学校だけが，大人になるのに必要な知識を独占的に授ける機能を果たすわけではない。さらにインターネットの登場によって，学校で得た知識を子どもがネットで検証することが容易になり，教科書の知識はすぐさま相対化されていくようになる。

　また，本田由紀によれば，高度経済成長期から90年代にかけて，日本の学校は職業意識や技能の伝授よりも，学校と企業間の繋がりが重視される「学校経由の就職」機能が特徴と指摘する（本田，2008，pp.68-72）。端的にいって，学歴は就職に対して有効な手段であった。しかし，バブル経済の崩壊，男女雇用機会均等法の施行，企業に重くのしかかる「団塊世代」と「バブル期就職世代」の人件費が，「学校経由の就職」機能を弱めていくこととなった。その一方で，「教育の職業的意義」に重きを置く学校は増えることなく，「学歴」というシンボリックな意味だけが人々と学校を繋ぎ留めているだけである。

　1984年の臨時教育審議会発足から昨今の「構造改革」の流れは，学校教育システムを規制緩和と市場原理の導入によって復興しようとする試みであった。学校教育の役割はこれまでと同様に堅持されつつ，その形は多様化してきている。たとえば，9月入学制の議論や中高一貫教育校，教育「特区」，学校選択制の推進などがそれである。その反面，こうした規制緩和の動きは自由の限りない拡張と共同体の崩壊と受け取られ，経済「格差」の拡大と伝統的価値の喪

失などを危ぶむ声があちらこちらから聞かれるようになった。保守と革新の両派はイデオロギー的には180度立場が異なるものの、保守派は教育基本法の改正による復古主義的な学校の復活をめざし、革新派は学校設置基準などの規制を緩和し、教育の多様化と選択の自由による学校再建を打ち出したが、両派ともに学校の果たす役割の重要性と、学校教育の再建を信じて疑わない点で共通している。また、(たとえば、A.S. ニイルに代表される)自由放任主義の支持者と(たとえば、デューイに代表される)共同体主義の支持者のどちらの立場においても、学校の存在は所与のものとして議論の対象に据え置かれている[*5]。

しかし、こうした学校のあり方をめぐる対立的議論と一線を画し、規制緩和を契機として、学校中心的な社会や学校化した社会を解体しようとする動きも活発化している。たとえば、学校の機能を徹底的にスリム化し、学校は(徳育や体育を除き)知育だけに専念する「小さな学校」論がそれである(宮台・藤井・内藤, 2002, p.308；上野, 2002, p.116)。学校は「学び」の場所であって、躾や食育、体力や情操といったなにもかもを背負わせる場所ではないと論じる。彼らのニュアンスは脱学校論者というよりも、「学校にそれほどの力をもたせてはいけない」といった意味で学校解体論にも聞こえる。

⑤ 学校再構築派と脱学校派

学校の役割の重要性を認識したうえで、その再構築を図ろうとする代表格に佐藤学を挙げることができる。佐藤は、今日の不登校やいじめ、学級崩壊の現象を「学びからの逃走」と位置づけ、学校における学習の変革を求めている。子どもたちの学習嫌いは、詰め込み教育や貧しい文化資本、そして「ゆとり教育」に起因するとし、「勉強」から「学び」への転換を主張する(佐藤, 2000, pp.59-60)。「学び」とは、自学自習のように独りで学ばせるのではなく、「教室に『活動的で共同的で反省的な学び』を実現する実践として具体化すること」で、他者との共同的な学び合いにより可能となる。学習は個別に習得させることで完結するのではないとし、教材と資料を用いて共同的学習を行うことで学校に「学び」を実現させようとする(佐藤, 2001b)。

第11章 脱学校論のいま

こうした学校における「共同的学び」の理論的背景には，デューイ（Dewey, J.）による学びを通じた他者とのつながり（すなわち，公共性や公共圏）の重要性とその再構築，または民主的な共同生活と呼ばれる「民主的社会主義」が横たわっている。人々は経済活動や国家理念を通じて繋がり合うのではなく，「政治的な手続きや制度にとどまらない『生き方（a way of living）』」を通じ，人々はコミュニケーションを取りながら絆を築いていくという（佐藤，2001a，p.29）。佐藤は，「自由」も「個性」も絆によって出来上がった共同体なしには成立しえず，前者は社会貢献や社会参加に関する際に用いられ，後者は共同生活のなかで獲得されるものであるとデューイに依拠しながら論じている。まさに，「自由」と「個性」を獲得する要所として，共同体としての学校が必要とされることになる。

　ニイル（Neil, A.S.）に代表される自由放任主義も，「子どもを学校に適応させるのでなしに，子どもに適応する学校」を必要としている（ニイル，1987, p.4）。適応を強制する学校では，管理教育と強制力が支配的で，子どもの自発的判断や意思表現が発揮されることが許されない。それゆえ，自由放任主義を掲げる「フリー・スクール」では，これまでの学校の哲学とは全く異なる「オルタナティブな学校（もうひとつの学校）」をめざす。しかし，自由放任主義の学校がオルタナティブでありえるのは，既存の学校がアンチ・テーゼとして存在するからで，管理主義的な学校の存在なくしてフリー・スクールはありえない（永田，1996, pp.162-163）。そのため，こうしたアンチ・テーゼを掲げるフリー・スクールでは，自由を教師の権威や強制的な勉強からの決別として解するであろうし，同時に，自由が既存の価値や形式に挑戦する子どもたちの姿を可能にすると考えるであろう。フリー・スクールでは，従来の学校と対極に位置することで，これまでの学校を再構築しようとするのである。

　フリー・スクールの限界を，永田は「一方で個の解放を説き，もう一方で学校という共同体を維持しようとする」（傍点は大倉）とする（永田，1996, p.7）。個の解放のベクトルは，既存の価値に対するアンチの方向に開かれているのであって，「学校という閉じられた体系内で」しかない。こうした指摘は，自由放任主義とは権威や統制と無関係に存在できず，また同時にアンチ・テーゼと

して学校もフリー・スクールと呼ばれる場所が必要であることを示唆している。永田は、このように限られた空間で営まれる教育を、「近代社会のネガとして」の「公共圏」と位置づけている（永田・菊池、2001，p.79）。

　以上の学校再構築派に対して、内藤朝雄や宮台真司らの脱学校派は、学校の公共性や学校を公共圏としてとらえる立場に異論を唱える。内藤は、極度に人間関係を重視し、個人に集団的足かせを履かせる「全体主義」を批判したうえで、学校は全体主義に奉仕する準拠集団になっているという（中間集団全体主義）（内藤、2008）。いじめなどの問題は、まさに学校の全体主義的人間関係に起因すると考えられ、「過密飼育の檻を解体し、各人が自由に距離を調節し、学校のねばりつく関係性の襞に対して（やろうと思えば）よそよそしく生きることもできる権利を保証する」ことを主張する。こうした内藤の主張と同様に、宮台は全体主義や共同体主義が知識人に深く浸透し、人は個人の権利よりも共同体的に生きることや共同体の絆を優先してきたと批判する（宮台・藤井・内藤、2002）。

　こうした学校解体論、または脱学校論はその論的根拠を「リベラリズム」に置いている[*6]。彼らのいうリベラリズムに立つと、学校選択の自由を通じて学びの「機会の平等（もしくは機会の再分配）」を保障し、経済的理由によって機会が奪われるのであれば、財源の公的確保を要求する。また、教育機会は、誰にでも求められる限りにおいて、何度も与えられるが、教育機会や学校選択はどの地域にでも潤沢に設けられるわけでないので、格差は生じることを前提に、政府（もしくは地方政府）の支援（もしくは介入）が促されることになる。子どもたちは、常に学校選択と教育機会を利用する場面に遭遇し、自身の判断が求められることになるという意味で、個々の動機づけが何を学び、どのようなスキルを身に付けたいかを左右することとなる。つまり、学校は就職への手段でもなく、よき人生について学ぶ場所でもなく、学校では学習（学びたいこと）こそが目的となる。リベラリズムの立場に立つと、学校という共同体よりも個人が先立ち、その個人が最大限の教育を受ける機会が幾度となく用意されることが求められる。

　逆に、学校での学びが個人に優先されると、集団全体に照らし合わせて、個

人の教育成果や結果が測られる可能性を生み出す。教育機会がいつでも保障されるのであれば，学校とは個々にとってよい生き方を模索するなかでのひとつの選択肢であるのに対し，個人が集団全体のなかに組み込まれるようになると，子どもたちは集団のなかの序列的位置で自分の幸福感を実感するような可能性を残すこととなる。

6 学校は必要とされているのか

　苅谷剛彦は，学校はその門戸を広げること（または，義務教育を延長し，高校全入が可能になったこと）で社会的平等にはたして貢献してきたのか，論じている（苅谷，1999）。同じように，米国における「コールマン・レポート」も，その先駆的研究として，学校ははたして学力の平等化（equalizer）に貢献しているのか検証を行っているが，そのいずれの答えも「No」であった。こうした先駆的研究を例に考えを推し進めると，学校教育（の拡大）は必ずしも人々の「幸せ」に貢献していない。平等という「幸せ」を推し進める（そして，阻害してきた）要因は，学校それ以外にあると考えられる。しかし，日本では教育システム内部に問題があるとして，教育拡大がもたらした受験競争や受験に伴う習熟度別学習といった方法のみが着目されてきた。その反面，英国や米国では階級や人種といった属性が学校での学びと大きく関係しているとして取り上げられてきている。

　本章でも見てきたように，学校を近代の所産として眺めると，それは学習機能よりも，また平等化の機能よりも，その他の部分に期待がかけられてきた。つまり，学校とは人々が封建的身分から脱皮し，国民的アイデンティティを獲得する場であったり，製造業を中心とした産業構造のなかで働ける職業意識とモラル身体を手に入れる場であった。それゆえに，義務教育の拡大は個々人に対する教育的啓発よりも，共同体への包摂過程の拡大と，身分制に代わって学歴を与えることで仕事を配分する機能を果たしてきたといえる。そして，学歴とは学校で何かを学びとったという意味よりも，むしろ学校に入る前の個々の属性的要因（家庭の所得水準，親の学歴と職業，出身地域など）の上に業績主義の看

板を被せることであった（森，1998，pp.70-71；苅谷，1999，pp.97-102）。

　リベラリズムを標榜する脱学校論者や従来の学校を必要としない人たちからみると，学校に教育結果の平等や職業選択，社会的地位の平等といった期待や機能を負わせるにはすでに無理がある，となる。ましてや，学校（での学習の結果）が，社会的属性を越えて，人々の間に平等をもたらすという期待は，個々の教師にとって荷が大きすぎるかもしれない。しかし，平等化の名の下，学校教育システムに摂り込まれると，子どもの間における「幸せ」が，むしろ，子どもの頑張りや競争を通じて，親や教師が自らのアイデンティティの回復をする場と重なり，三者が参画する「公共圏」を形成することとなる。森重雄は，学校とは親たちが子どもを差し出すことによって，それぞれの親が自らのアイデンティティを確認する「供儀的空間」と称し，親が自らの属性（の問題）を省みず，世間が業績主義のみを盲目的に信奉（もしくは批判）する限り，学校は存在し続けると指摘する。もし，学校教育のシステムが個々にアイデンティティを付与し，再確認させることがあるとするならば，逆説的ではあるが身分制でも復活しない限り，これまでの学校システムが変化することはないだろう。

　学びを楽しむための学校が成立するには，親の意識改革のみならず，学習者自身の自覚と個の確立が必要となる。しかし，個の確立は，社会的属性と無関係ではないため，みんなが同様の教育機会や教育経験を保障するとは限らない。脱学校論は，こうした今日の学校の可能性と制約を照らし出している。

考えてみよう

① あなたにとって，「学校」とはどんな場所でしたか

② 今後，学校にどのような役割を期待しますか（もしくは期待しませんか）

【注】

1　藤田の指摘は，脱学校論を「子ども中心主義」への回帰として位置づける立場とは異なっている点に特徴がある。

2 「若者劣化論」は，主に，団塊ジュニアやポスト・バブル世代の若者の特徴を示す際に使われる。この世代には非正規雇のケースが目立ち，このことが「ゆとり教育」の結果に結びつけられることが多い。

3 たとえば，橋本・栗山編著，『遅刻の誕生―近代日本における時間意識の形成』を参照。

4 たとえば，中央教育審議会の生涯学習分科会では，社会教育と学校教育の境界線について議論がみられる。
http://www.mext.go.jp/b_menu/shingi/chukyo/chukyo2/siryou/010603.htm（2009年7月10日アクセス）

5 ここでは，ニイルの議論を永田に，デューイの議論を佐藤の解釈に拠った（永田，1996；佐藤，2001a）。

6 リベラリズムの意味は多岐にわたるが，宮台はリベラリズムを「自由を支える社会的な前提の確保に，価値的にコミットする立場」としている（宮台・藤井・内藤，2002，p.266）。自由は地域社会にける政治的自由と政治からの自由によって支えられ，個々人は「機会の（平等に代わり）再分配」によって社会的参加の動機づけが担保されることとされる。

【引用参考文献】

天野郁夫編著，1999，『教育への問い』東京大学出版会．
上野千鶴子，2002，『サヨナラ，学校化社会』太郎次郎社．
ヴォーゲル，E., 1979，『ジャパンアズナンバーワン』（広中和歌子・木本彰子訳）TBSブリタニカ．
OECD教育調査団，1972，『日本の教育政策』朝日新聞社．
大内裕和・山之内靖・ヴィクター コシュマン・成田龍一編，2000，「教育における戦前・戦時・戦後」『総力戦と現代化』柏書房．
勝田守一・中内敏夫，1966，『日本の教育』岩波新書．
苅谷剛彦，1999，『大衆教育社会のゆくえ』中公新書．
苅谷剛彦，2003，「若者よ，丁稚奉公から始めよう」『文藝春秋』（5月号）文藝春秋社．
佐藤学，2000，『「学び」から逃走する子どもたち』（岩波ブックレット No.524）岩波書店．
佐藤学，2001a，「公共圏の政治学―両大戦間のデューイ」『思想』（1月号）岩波書店．
佐藤学，2001b，『学力を問い直す』（岩波ブックレット No.548）岩波書店．
杉田敦，1998，『権力の系譜学』岩波書店．
寺崎弘昭・天野郁夫編，1999，『教育への問い』東京大学出版会．
ポストマン，N., 1995，『子どもはもういない』（小柴一訳）新樹社．
本田由紀，2006，「現実―『ニート』論という奇妙な幻影」本田由紀・内藤朝雄・後藤和智編『「ニート」って言うな！』光文社新書．
内藤朝雄，2008，『いじめの社会理論』柏書房．

永田佳之，1996，『自由教育をとらえ直す』世織書房．
永田佳之・菊池栄治，2001，「オルタナティブな学び舎の社会学―教育の〈公共性〉を再考する―」『教育社会学研究』第68集．
ニイル，A.S., 1987，『人間育成の基礎』（霜田静志訳）誠信書房．
西本郁子，2001，「子どもに時間厳守を教える」『遅刻の誕生』三元社．
日本PTA全国協議会，『日本PTA50年の歩み』
http://www.nippon-pta.or.jp/ayumi/thesis/chapter5_1_1.html（2009年7月10日アクセス）．
橋本毅彦・栗山茂久編著，2001，『遅刻の誕生―近代日本における時間意識の形成』三元社．
藤田英典，1991，『子ども・学校・社会』東京大学出版会．
宮台真司・藤井誠二・内藤朝雄，2002，『学校が自由になる日』雲母書房．
森鴎外，1984，「舞姫」，『筑摩現代文学大系4 森鴎外集』筑摩書房．
森重雄，1998，「学校の空間性と神話性」『季刊子ども学』vol.18ベネッセコーポレーション．
ローレン，T., 1983，『日本の高校』（友田泰正訳）サイマル出版会．

第12章 学習指導要領の変遷と子ども

岩田 弘三

1　はじめに──繰り返される学力低下論争──

　ここに,「新学制いばらの道　学力低下と予算不足」という見出しで,ある年に掲載された新聞記事がある。これは,「この1年を顧みて」という欄のなかの,「教育」に関する総括回顧記事のひとつである。その記事の一部を紹介しよう。

　　教育についての問題の中で最も注意をひいているのは学力低下の問題だろう。中学生にもなってやさしい字も書けない,簡単な計算もできない,と言うのでは親たちも首をひねらざるを得なくなる。ひいては社会科というものがどうも怪しいと考えられ,いわゆる新教育一般に対しても懐疑的になって来ている。そしてそれが単なる通俗の見解ではなく,教育者仲間でも,例えば新教育の先端のようにいわれたコア・カリキュラムへの批判が起こっている。…要するにいろいろの面で新学制新教育は再検討の時期に到達した。(なお,以上の引用については,現代語字体・かな遣いに直してある)

　これが,いつ出された記事なのかは,後に明らかにすることにして,話を最近の話題に移そう。小・中学校については1998年に,高校については1999年に,告示された学習指導要領(小・中学校では2002年から,高校では2003年から施行)のひとつの目玉として,児童中心主義・生活体験学習をもとにした「総合的な学習の時間」の導入が決定された(以下,学習指導要領は公布された年で表記する)。これと,学校週休完全2日制の実施とをあわせて,学力低下の問題が大きな論

議を巻き起こしたことは，記憶に新しい。しかし，上の記事は，もちろん最近のものではない。種を明かせば，これは，1949年12月4日の朝日新聞の朝刊に，掲載された記事なのである。

　このときは，1998・99年の学習指導要領の場合と異なり，授業時間数はまったく問題になっていない。また，この記事に出てくる「コア・カリキュラム」とは，子どもの生活経験の発展をめざして，教科の区別にこだわらない学習活動を中心（コア）とし，その活動に必要な技能的学習を周辺に配するカリキュラムのことである。だから，この記事のなかで，基礎学力低下の原因として批判が向けられているのは，児童中心主義・生活体験学習に対してである。こうしてみると，児童中心主義・生活体験学習を標榜する学習指導要領のもとでの，基礎学力低下問題を，日本は過去に一度経験していたことになる[*1]。

　それでは，この1949年時点での学力低下問題を受けて，その後，日本の学習指導要領（教育課程）は，どのような変遷を辿り，最終的には同じ学力低下問題を再び巻き起こす地点にまで，立ち返ってきたのだろうか。本章では，この点を明らかにしていくために，国語，算数・数学，理科，社会，外国語といった，知的教科に関する学習指導要領の変遷に限定して，話を進めていきたい。そして，これら知的教科のなかでも，学習指導要領改訂の影響が，もっとも人目を引く形で現れるのが，理科，社会である。そこで，本章の記述は，これら2教科を中心としたものになる。しかし，ここで問題にしたいのは，その根底にある教育方針の変化であり，その影響は，他の知的教科にも当然，広く及ぶものであることは，いうまでもない。

　正確に明記されるのは1955年からになるものの，学習指導要領は，学校・教師が依拠すべき「基準」と位置づけられている。だからこそ，全国どの学校に通おうとも，子どもは平等の教育を受けることができるし，実際にも，学習指導要領に示された内容については，基本的には学校は同じ教育を行い，子どもは同じ教育を受けることになる。その意味で，学習指導要領の歴史を知ることによって，どの学校，どの子どもにも共通する歴史として，学校で何が教えられ，子どもが何を学んできたかが，浮かび上がってくると思われる。それが，本章で，学習指導要領を取り上げる最大の理由である。

② 学習指導要領の変遷からみた学校教育の移り変わり

(1) 1947年および1951年学習指導要領——児童中心主義・生活体験学習

　戦後新学制下の学校教育は，1947年にCIE（民間情報教育局）の指導によって刊行された学習指導要領をもとにスタートした。ただし，「学習指導要領は教育委員会が作成するのが原則であり」，各地域の教育委員会の体制が整うまで，「一時的に文部省が作成をして，教育委員会の作成する学習指導要領の代用をするのである」，との位置づけのもと，この時期の学習指導要領には，「試案」の2文字が付されていた。

　この学習指導要領が策定された当時のアメリカでは，児童中心主義，経験・生活主義にもとづいた，生活単元・問題解決学習が広まっていた。そして，デューイ（Dewey, J.）らによって唱導された，この「新教育」は，文化国家，民主主義社会の実現をめざすという理想のもとに，日本にも導入された。そのような方針にもとづき作成されたのが，1947年の学習指導要領である。そこでは，戦前の国家主義的，主知主義的・教師中心主義的教育への反省に立ち，児童・生徒の生活経験を重視した教育がめざされた。単元（unit）とは，何回かの一連の授業のなかで扱う，教育内容の統一的なテーマとでも呼べるものである。そして，その単元に含まれる学習内容を，学問の論理的系統性ではなく，児童・生徒の生活経験にもとづく興味・関心を中心にすえて，配置・展開していく授業方法が，生活単元学習である。

　しかし，この学習指導要領は，終戦後まもない混乱期に，しかも短期間に作られたこともあり，多くの不備を抱えていた。このため，1951年の学習指導要領では，生活単元・問題解決学習の一層の徹底が図られた。

　また，「個性尊重の教育」という，占領軍の意向を取り入れた結果，高校では，「自由選択制」が大幅に採用され，卒業必要単位数85単位のうち，必修科目は38単位にとどめ，選択科目が半数以上（47単位）を占めることになった。その一環として，高校理科については，「物理」「化学」「生物」「地学」のなかから，1科目選択制がとられた。高校社会についても，1947年の学習指導要領

では「社会」は必修であったものの，それ以外は，「東洋史」，「西洋史」，「人文地理」，「時事問題」のなかから，1科目選択制がとられた。このときは，占領軍の指導のもと，皇国思想教育・軍国主義教育につながったとして，「修身」とならんで，「国史」（日本史）と「地理」は，教科目から外された。1951年の学習指導要領では，「日本史」が復活し，「東洋史」と「西洋史」は，「日本史」と「世界史」へと，また必修の「社会」は「一般社会」へと名称変更された。

(2) 1955年および1958・60年の学習指導要領――系統学習への転換

1947～52年が生活単元学習の完成過程であるとすれば，1953～58年はその解体過程であったとされる。第一に，生活単元学習は，体験を尊重するあまり，客観的な知識に関する教育を軽視することになった。また，近視眼的な目先の必要に応ずる断片的な学習，いわゆる「はい廻る経験主義」や「適応主義」に堕し，特に科学的・抽象的概念の学習に，弱点をもたらすようになった。このため，それが原因となって，基礎学力低下が起こっているとの憂慮・非難が，1948年頃から出始めた。そして，それは1949年頃になると，教育界の内外で大きく注目されるようになった。これを受けて，1940年代後半～50年代前半には，基礎学力実態調査が多数，行われている。産業界も，基礎学力の低下防止を急務とし，特に理科においては，生活単元学習を改めることを要望した。

第二に，生活単元・問題解決学習には，1つの科目については，時間的余裕があり，十分な教育を行うことができるという利点があった。しかし，生徒の選択科目の偏りが目についてきた。のみならず，大学側からは，特に理科系学部を中心として，進学者が高校時代に1科目しか選択していないと，大学に入ってから必要と考えられる科目を，履修してこない生徒がでてきて，入学後にその科目の補習をする必要がある，との強い指摘・不満などが沸き上がった。

このような生活単元学習批判が，小・中学校については1958年に，高校については1960年に，告示された学習指導要領における，系統学習への転換に繋がったのは，欧米における科学技術教育重視と，これに同調した産業界の要望が，文部省の意向に強く反映されたことも，大きな要因になったとされる。系統学

習とは，科学・学問の論理体系にもとづいて，科学知識を，系統的に選択・配列する教育方法である。

これらの問題のなかでも，特に大学側を中心とする履修科目数に対する上記の第2の批判については，その改善が図られ，まず1955年の高校学習指導要領（小・中学校については公布なし）によって，理科を，1科目選択制から2科目選択制へ移行した。また，社会については，「社会」が必修で，「日本史」，「世界史」，「人文地理」から2科目選択にした。ただし，すでに1952年から国公立大学の多くは，理科・社会の入試に関しては，2科目選択制を採るようになっていた。つまり，国公立大学志願者にとっては，実質的にこれら教科に対する2科目選択履修が，必須化していたことになる（岩田，2005）。こうしてみると，1955年の高校学習指導要領における，理科・社会の1科目選択制から2科目選択制への移行は，高校―大学の接続のあり方に関する大学側，特に国公立大学を中心とするエリート大学の意向が，その入試の実態に合わせ，高校生全般に適用する方向で，実現されたとみることも可能である。

なお，この1955年の学習指導要領から，「試案」の文字が削除され，学校・教師が依拠すべき「基準」と位置づけられるようになった。また，1958・60年の学習指導要領からは，教育課程の基準として，文部大臣が公示する，文部省の「告示」形式で公布されることになった。

さらに，1960年の高校学習指導要領では，「自由選択制」の方針が，大幅に縮小された。たとえば，理科については「物理」，「化学」，「生物」，「地学」の4科目を，社会については「倫理・社会」，「政治・経済」，「日本史」，「世界史」，「地理」の5科目を必修とした。後に図12-1で示すように，1954年には日本の高校進学率は50％を超えた。それを踏まえて，必修科目を増加して，できるだけ国民的教養の偏りを少なくすることが図られた，とされる。なお，特に理科については，これより前，アメリカの高校では「物理」を選択科目として履修する生徒が年ごとに減少し，アメリカの物理教育の危機として大きくアピールされたことがあった。すべての高校理科科目を必修にしたのは，そのような問題を日本では回避するためだった，との指摘がある。

(3) 1968・69・70年の学習指導要領——教育内容の現代化

アメリカでは1956年に，連邦教育省と全米科学財団の資金援助を受け，物理学者，高校教師から構成される，PSSC（Physical Science Study Committee：物理科学学習委員会）が発足した。科学技術は急速に発展しているのに，高校教科書は旧態依然のままで古典物理に留まっているとの認識が，第二次世界大戦後に強まっていった。そこで，PSSCの目的は，教科書の内容に，現代の科学技術の成果を反映させることであった（「新しい物理学」）。そして，この「現代化」した教科内容を効果的に教える方法として取り入れられたのが，ブルーナー（Bruner, J.S.）の主導のもとに開発された，探究学習であった。探究学習とは，学問の論理展開過程に沿って，カリキュラム内容を系統的に編成する形をとる教育方法である。1957年にアメリカを襲ったスプートニク・ショックによって，生活適応教育は生徒の学力低下をもたらす，といった批判は最高潮に達した。このこともあって，教科内容の「現代化」と系統学習は，さらに促進され，物理以外の教科・科目にも広がっていくことになる。

アメリカでそのカリキュラム改革に携わった人を日本に招いて，1961年以降に開催された，さまざまなセミナーが大きな契機となり，日本の教育者や科学者にも，理科教育カリキュラム改革の重要性が，認識されていった。こうして，日本における，探究学習および「現代化」運動は，進展していったとされる。

このような理科教育界の風潮などを受け，学習指導要領に，探究学習および「現代化」路線が取り入れられたのは，小学校については1968年の，中学校については1969年の，高校については1970年の，学習指導要領からである。それに伴う教育内容の増加に対処するため，高校では，それまでの理科4科目必修が2科目選択となった。ただし，「物理は難しく，現高校においても消化不良が非常に多い。これ等の者に強制的に履修させても無意味である」という現実的考え方が，高校長会その他で非常に強かったことも，その背景にあったとされる。高校社会についても同様に，「倫理・社会」，「政治・経済」は必修として残ったものの，「日本史」，「世界史」，「地理」については，2科目選択となった。

先述したように，高校で理科4科目・社会5科目が必修になったのは，1960

年の学習指導要領のときからである。この措置は，高校進学率が50％を超え，ユニバーサル化したときに，エリート型教育の徹底を図ることによって，高校教育のてこ入れを意図したものともみなせる。しかし，かりにそうであるとすれば，1970年の学習指導要領ではそれは頓挫し，ユニバーサル化した高校生の現実に対応するための軌道修正が図られたことになる。

　この点は，当時，文部省の初中等教育局の中学校課・高等学校課の教科調査官の職にあった，小林学のつぎのような証言からも明らかである。

> 当該学年の8割を対象とした教育は，かつてのごく一部のエリート集団を対象とした教育と自ずから異なるものでなければならない。すなわち入学してくる生徒の能力・適性・進路等の多様化にどのようにカリキュラムが対応するかということである。能力・適性に合わせるカリキュラムは，生徒に自由な選択をさせることが一つの方策として考えられる。そのためには，各教科とも必修の単位数を減らし，選択を増加させることである（岩田，2005，p.89）。

(4) 1977・78年の学習指導要領──ゆとりの時間の導入と教育課程の多様化

　教科内容が「現代化」されたことによって，教育内容はそれまで以上に過密化の様相を呈してきた。そこで，「ゆとりの時間」の導入を中心として，生徒の負担軽減などの期待に応えようとしたのが，小・中学校については1977年の，高校については1978年の，学習指導要領である。それまでのカリキュラムは，同一の項目をレベルを上げながら，小・中・高校で繰り返し学習するといった，「スパイラル（反復）学習」の形式を取っていた。しかし，それを改め，教育内容における重複部分を少なくした。

　さらに，高校では，「理科Ｉ」という，理科分野の総合科目が必修化された。1970年の学習指導要領によって，高校理科は，4科目必修から2科目選択に変更された。しかし，高校生として「物理」，「化学」，「生物」，「地学」の，それぞれ特徴的な見方・考え方を習得させることができるような，理科教育の必要性を唱える人も多かった。そして，それを実現する科目として「基礎理科」という総合科目が新設された。けれども，それは選択科目に留まり，理科4科目

全般を網羅し,「各領域の教養の偏りをなくすという総合的カリキュラム」の必修化は,この時は実現しなかった。小林学によれば,その念願を復活させたものこそが,「理科Ⅰ」の必修化であった,とされる。

ただし,小林学によれば,「理科Ⅰ」の導入により,「中学校理科との関連を図り,重複して扱うことがさけられ,中学校の学習内容の軽減を行うことができた」とされるので,単位数のうえでも内容の面でも,小・中学校段階で削られた理科教育の部分を,高校の「理科Ⅰ」に持ち越す形になった,とみることも可能である。日本の高校進学率は1974年に90%を超え,ほぼ義務教育化した(後に示す図12-1参照)。それを受けて,生徒の多様化に伴う,高校の学習内容の不消化を解消するためにも,中学校までではなく,高校までで,国民共通の教養・基礎学力の完成を図ることにしたといえる。

また,1978年の学習指導要領では,「教育課程の多様化・弾力化」がめざされ,複数のコースを併設し,生徒に一定程度の教科目選択の自由を認める,「総合選択制高等学校」が設置されていくことになる。そしてそれは,1995年以降に創設が始まる「総合学科」の先駆けとなる。この「教育課程の多様化・弾力化」の措置も,中等教育のユニバーサル化に伴い,多様な生徒が進学するようになった高校の現実に対応するための試みのひとつと,とらえることができる。

(5) 1989年の学習指導要領——個性を生かす教育

1980年代も後半になると,ハイテク製品を中心に,当時の世界市場における,日本の生産技術の優秀性は明らかになってきた。日本の一部民間企業が,「もはやアメリカに学ぶものはない」と宣言するのが,この頃である。しかし,その一方で貿易摩擦が嵩じた結果,日本は「モノマネ大国」と揶揄され,欧米諸国から「知的所有権」が問われるようになった。このため,それまでの欧米キャッチアップ型体質(「追いつけ,追い越せ」)を脱し,日本自身が世界に先駆けた独創的な研究成果を出す必要性,つまり「モノマネからの脱却」が叫ばれるようになった。そして,産業界を中心として,それを可能にする教育が重要関心事になった。これと同じ問題関心は,中曽根康弘首相直属の諮問機関として,1984年に設置された臨時教育審議会でも共有され,「個性重視」の教育が

叫ばれた[*2]。このような時代背景の影響を受け，臨時教育審議会の答申をもとに策定されたのが，「創造的能力の育成」を骨子とする1989年の学習指導要領であった，とされる。

そこでは，「新学力観」の名のもとに，「主体的な思考力の育成」，「個性を生かす教育の充実」が図られた。教科内容の「現代化」は，科学技術の急速な発展に対応して，学校教育における科学・学問の比重を格段に高めた。さらに，それは，人的資源の活用・養成のために，知的教育の重要性を強調した。それゆえ，「現代化」論に対しては，能力主義的であり，エリート主義，学問至上主義への傾斜が強いとの批判がなされてきた。そして，それまでのそういった能力主義にもとづく「系統的探究学習」が，知識偏重をもたらしてきたとの反省に立ち，1989年の学習指導要領では，生活体験・問題解決学習にもとづく，合科的な指導をも併用することが謳われた。それが集約されたものが，小学校低学年（1〜2学年）における「生活科」の新設であり，その導入に伴い，この学年の理科・社会は廃止された。

また，高校社会を「地理・歴史科」と「公民科」に分離し，国際的な資質を育成する目的で，「世界史」を必修とした。のみならず，ゆとり重視路線の延長として，「理科」，「地歴」，「公民」を，従来の教育内容をほぼ踏襲するB科目と，より平易な内容からなるA科目に分け，どちらを履修するかは生徒の選択に任せることになった。つまり，A科目を選択した生徒は，従来以下の学力でも高校を卒業できることが，制度的にも保証されるようになったのである。

なお，1977・78年の学習指導要領では，「ゆとりの時間」の導入に伴い，他の教科と同様に，理科の授業時間数も削減をみた。さらに，1989年の学習指導要領では，「生活科」の導入に伴い，小学校理科の授業時間数はさらに削減される憂き目をみることになった。そして，それらも一因となって，「理科離れ」が進行していると，騒がれることになった。1990年代後半になると，この「理科離れ」論争は，一端は終焉をみせる。しかし，それは，1998年の学習指導要領が告示されたときに，理科以外の教科目の教育内容にも拡大する形で，「学力低下」問題として再燃することになる。この意味で，1990年代前半に起こった「理科離れ」論争は，近年の学力低下論争の先駆けになったといえる。

(6) 1998・99年の学習指導要領——総合的な学習の時間と完全学校週5日制

　図12-1に示したように、専門学校等を含めた高等教育進学率については、1978年に50％を上回り、誰もが進学する段階である、ユニバーサル段階に完全に突入していた。そして、それが7割を超えるのは、2000年のことである。また、四年制大学・短期大学（高専を含む）進学率は2004年に5割を、四年制大学進学率も2002年には4割を超えることになる。つまり、この時期には、四年制大学に限れば、まだユニバーサル段階に達してはいないものの、大学（四年制大学・短期大学）進学率は、ユニバーサル段階の直前にまで到達していた（四年制大学進学率も2009年には50.2％となり、完全にユニバーサル化した）。

　そのような状況を踏まえて、高校段階までではなく、大学段階までも含めて、学力の維持を図ることを前提にして導入されたのが、1998・99年の学習指導要領の「ゆとり教育」であった（中央公論編集部・中井編、2001, pp.91-94, p.104）。

　この学習指導要領では、「自ら学び、自ら考える力」、つまり「生きる力」の育成が標榜された。そして、その目的にそくして、児童中心主義・生活体験学習を全面に押し出した、「総合的な学習の時間」が導入されることになった。

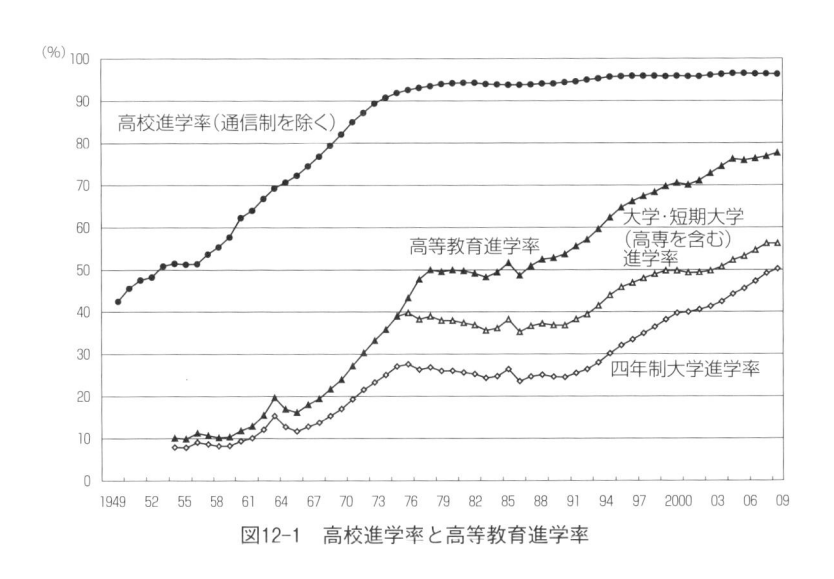

図12-1　高校進学率と高等教育進学率

これは，1989年の学習指導要領に伴う，小学校低学年における「生活科」の新設の延長線上にある措置とみなせる。また，1977・78年の学習指導要領に始まる「ゆとりの時間」政策の延長として，完全学校週5日制が導入されることに決定した。これらの措置により，各教科目の教育内容は3割の削減をみることになった。その結果，それは学力低下論争という形で社会問題化した。

(7) 2003年の学習指導要領一部改正――確かな学力の育成

このような学力低下批判に対処すべく，中央教育審議会に諮問が行われ，初等中等教育分科会の教育課程部会での審議をへて，「確かな学力」を育むことを目的に，2003年に学習指導要領の一部改正が行われた。そこでは，(1) 児童中心主義・生活体験学習をもとにした，児童・生徒の興味・関心等に応じた学習指導に，習熟度別指導を加えて，「個に応じた指導の一層の充実」が謳われた。そして，その文脈のなかで，「総合的な学習の時間」も一層の充実を図ることとされた。加えて，(2) それまでは，学習指導要領に示された基準・範囲を超えた教育は，原則的に認められていなかった。しかし，それはミニマムな基準にすぎず，その範囲を越えての指導も可能である，との大方針転換が表明された。

さらに，2003年の一部改正が行われる前までは，学習指導要領は，10年周期で改訂することを原則としていた。しかし，この改正によって，「常時見直し」を行うものへと方針変更された。

なお，2001年の省庁再編によって，文部科学省が誕生する以前には，中央教育審議会の答申を受け，学習指導要領は，教育課程審議会で審議されるという体制をとっていた。しかし，2001年に教育課程審議会は廃止され，それに代わって教育課程部会で，学習指導要領は審議されることになった。

(8) 2008・09年の学習指導要領――基礎学力の育成

1998・99年の学習指導要領が告示されたときに起こった，学力低下批判は，学校完全週休2日制による授業時間数の削減に対してのみならず，特に「総合的な学習の時間」に代表される，児童中心主義・生活体験学習に対しても，な

されたものであった（苅谷，2002）。しかし，小・中学校については2008年に，高校・特別支援学校については2009年に，告示された学習指導要領でも，児童中心主義・生活体験学習は，堅持されることになった。

ただし，その枠内で，基礎学力の育成を図ることも，目標のひとつとなった。それに伴い，(1) 小・中学校では，総授業時間数の増加が図られた。さらに，「総合的な学習の時間」の縮小も同時に行われ，知的教科の授業時間数が1割程度増加した（小学校の「体育」，中学校の「保健体育」についても同様）。加えて，(2)「スパイラル（反復）学習」が復活することになった。

なお，その他の重要改正点として，小学校の5〜6学年（高学年）時には，「外国語活動」が新設されることになった点も挙げておきたい。

3 中・高等教育の発展段階と教育接続

ここまで，戦後日本における学習指導要領の変遷について概観してきた。これを，中等教育と高等教育の発展段階と関連させる形で，まとめておこう。

まず，1954年に高校進学率が50％を超えたのを受けて，それ以降に教育上の問題となったのは，高校教育（後期中等教育）がユニバーサル化したのを踏まえて，それにどのように対応するかといった点であった。1960年の高校学習指導要領では，理科4科目，社会5科目を必修にするなど，深く幅広い教養の確保・保持が図られた。その種の教養の確保・保持が，エリート教育段階的な理念だとすれば，この措置は，ユニバーサル化した高校教育に対し，エリート教育的な理念で，建て直しを図った試みだったと考えられる。

また，1958年の中学校学習指導要領では，選択科目としての「農業科」，「工業科」，「商業科」，「水産科」，「家庭科」が，「薬業科」を加えて復活した。そして，特に第3学年では，これら「職業に関する教科」は，卒業後の就職希望者に対する職業準備のための基礎教育と位置づけられ，英語・数学を学ぶ進学希望者との組分けが行われた。これも，早期選抜の徹底を図った措置と考えられる。

ところが，1970年の高校学習指導要領では，理科・社会2科目選択制への復

帰がなされる。もちろん，これは，このときの学習指導要領から，日本でも「教育内容の現代化」が図られ，教えるべき教育内容の量が飛躍的に増えたために，同じ授業時間数のなかでは，全科目を教育することが困難になったという事情に，付随する措置と考えられる。しかし，そういった理由ばかりではなく，これが，「物理」などの科目の落ちこぼれ対策の意味合いが強かったとすれば，深く幅広い教養の確保・保持というエリート教育段階的な理念によって，ユニバーサル化した高校教育の全般的建て直しを図った，1960年の学習指導要領の目論見からの，まさしく撤退であったと考えられる。

1963年に，大学進学率は15％を超え，日本の高等教育は，エリート段階からマス段階に突入する。つまり，ここにおいて，高等教育マス化をも前提として，日本の高校教育は，ようやく中等教育ユニバーサル化の現実を受け入れたともいえる。

さらに，1977・78年の学習指導要領では，高校教育のユニバーサル化に伴う，生徒の多様化から派生する諸問題の解決に向けた措置が進展していく。①「ゆとりの時間」導入，②選択制高校の創設，などである。そして，1989年の学習指導要領における，①A科目導入による教科学習のレベル引き下げ，②小学校における「生活科」の新設に伴う，生活体験学習の導入が始まる。それらをへて，1998・99年の学習指導要領では，①「総合的な学習の時間」の設置による生活体験学習の全面的導入，②学校週休完全2日制に伴う教科学習の削減などという形で，高校ユニバーサル化という現実を踏まえた教育体制は，ひとつの到達点に達することになる。

特に1998・99年の学習指導要領についていえば，大学進学率がユニバーサル段階の直前にまで到達したことを前提として，高校段階までではなく，大学段階までを含めて，学力・教養の維持を図ることがめざされた。1990年代以降に，大学での成績・出席評価の厳格化，大学における「社会人基礎力」・「学士力」養成などに代表される大学改革議論が盛んになった理由も，それと軌を一にする動きだったとみなせる。その意味で，1998・99年の学習指導要領策定を含めた，この時代の教育改革は，大学ユニバーサル化の影響を受けたものだったといえる。

2008・09年の学習指導要領でも，児童中心主義・生活体験学習という基本方針は，堅持されることになった。しかし，その枠内での調整に留まるとはいえ，基礎学力の育成を図ることも目標のひとつとなった。そして，「総合的な学習の時間」の縮小，知的教科の授業時間数の増加など，「ゆとり教育」の見直しが進んだ。これは，中等教育のみならず，大学もユニバーサル化した時代における学力・教養のあり方を，模索するなかで起こった揺れ動きであるとみなせる。

　こうしてみると，学習指導要領の方針を含む，1990年代以降の教育改革の流れは，ユニバーサル・アクセスの時代に突入した大学に，中等教育をどのように接続していくか，といった課題を軸に動いているととらえられる。

考えてみよう

① 児童中心主義・生活体験学習をめざすと，なぜ学力低下批判が，いつも起こるのだろうか。これは，学力とは何かという，大きな問題とも関連することがらでもあるので，その点についても，よく考えてみよう。

② 必修科目を増加し，国民全員がなるべく幅広い基礎的教養を，共有できるようにする教育が必要だ，という考え方がある。他方で，生徒の興味・関心や適性などに合わせて，特定の分野（科目）の知識を深める教育を推進していくために，科目選択制をより拡大していくのがよい，という考え方もある。両方の考え方の長所・短所も考慮して，どちらがよいと思うかを考えてみよう。

【注】

1　1998・99年の学習指導要領による児童中心主義・生活体験学習の導入に対しては，教師，つまり教える側の問題が指摘されている（苅谷，2002，pp.23-25，第5章）。1949年時点での学力低下問題についても，先の記事のなかで，同様の問題が指摘されている。つまり，「一つの見方からすれば問題は教師という一点に凝縮されるとも言える。いわゆる新教育は間違いなくいいねらいを持っているのだが，量質ともに不十分な教師の手にかかっては悪い面だけしか出て来ない」，とされるからである。

2　なお，この点については，岩木秀夫（2004）による，つぎのような指摘もある。1980年代に顕著になった貿易摩擦を解消するため，日本に対して，国内市場の開放

にむけ，内需拡大・規制緩和を求める圧力が，アメリカを中心とする諸外国から，かけられることになった。その課題への対処を，教育面でも促進しようとしたのが，臨時教育審議会だった。つまり，それまでは，「ナショナル・メリットクラシー（一国内能力主義）」という理念のもと，子どもを競争に向かわせるような体制の教育が組み立てられていた。そして，その競争状況のなかで，子どもの消費に対する欲望は，禁欲的に抑制されていた。この欲望を解放するために，それまでの競争主義的路線から転換し，「自由化」という旗印のもとに，個性重視路線，つまり「イディオシンクラシー（個性浪費）」路線を標榜したのが，臨時教育審議会であった。そして，そのとき打ち出された路線転換が底流となり，現在にいたる個性重視の「ゆとり教育」の流れが形作られていった，とされる。

【引用参考文献】

岩木秀夫，2004，『ゆとり教育から個性浪費社会へ』ちくま新書.
岩田弘三，2005，「日本における教育接続の戦後史」荒井克弘・橋本昭彦編『高校と大学の接続』玉川大学出版部.
苅谷剛彦，2002，『教育改革の幻想』ちくま新書.
中央公論編集部・中井浩一編，2001，『論争・学力崩壊』，中公新書ラクレ.

　付記：本章は，理科の学習指導要領の変遷について論じた拙稿（岩田，2005）をもとに，他の教科にも範囲を広げ，さらに最近の動向を取り込む形で，大幅に加筆・修正したものである。それと重複する引用文献は，基本的には専門的なものが多いので，そちらに譲ることにして，さらに読み進めてほしいと思われるもの以外は，本章の文献リストから除外した。

索　引

あ 行

アイデンティティ　83, 152, 161
アカウンタビリティ　66
天野郁夫　153
ESL　132
生きる力　109, 113, 146
居場所　1, 28, 31
イリッチ, I.　151
インターナショナル・スクール　123, 125, 127
インターンシップ　55
ウィリス, P.E.　10
オルタナティブ　158

か 行

科学知　101
学業と部活動の両立　25
学習指導要領　20, 34, 35, 98-100, 108, 113, 122, 138, 141, 165, 169, 174-176
　　　学習指導要領改訂　42
　　　新学習指導要領　42
学力調査　112
学力低下　62, 113, 164, 165
学力低下批判　174
隠れたカリキュラム　91
学校選択制　156
学級　9
学級風土　8
学校空間　154
学校選択　159
学校知　101
家庭背景　30
カリキュラム改革　169
カリキュラム・ポリティクス　98, 101
苅谷剛彦　160
帰国子女問題　119, 128
基礎学力　167

逆向きデザイン　70
キャリアエデュケーション　56
キャリアガイダンス　58
キャリア教育　48, 57
教育家族　12
教育機会　159
　　　――の拡大　155
教育基本法　42, 157
教育言説　129, 133
教員免許状　141
教師タイプ　5, 6
業績主義　152, 160
グループ討論　107
系統学習　167
現代化　169, 170, 172
コア・カリキュラム　165
構成主義　64, 69, 74
行動主義　64
国際学力調査　62, 114

さ 行

佐藤学　111, 157
サブカルチャー　10
ジェンダーの再生産　92, 95
ジェンダー・バイアス　95, 96, 99
自己形成　79
私事化傾向　14
視聴覚教材　106
失業率　50
児童中心主義　139
清水義弘　6
自由研究　18, 21
修身科　43
宗教教育　44, 45
主体的な学び　108-118
シュッツ, A.　76
小論文　108, 117
女性教員比率　93, 94

ジョブカフェ　55
新学力観　172
真正の学力　68,69,75
進路指導　48
スポーツ部活動　76,81
生活世界　77
生活単元・問題解決学習　167
成長物語　82,86
生徒化　147
専門職化　141
専門職性　141,142,143
総合的な学習　113-116
総合的な学習の時間　113,173-175,177

た　行

脱学校　151
多文化教育　129
男女共修　98,99
男女共同参画　97
男女共同参画社会　88,91
男女共同参画社会基本法　91
男女平等教育　92
通塾率　14
出口指導　56
テスト準備教育　66,67
デューイ, J.　158,166
デュルケム, E.　43,44
道徳の時間　38,41,45
特別教育活動　19

な　行

ニイル, A.S.　158
ニート　53,54
日本人学校　122-125

は　行

パーソンズ, T.　3

反抗文化　10
反省的実践家　141,143
PISA　114
PTA　155
部活動加入率　22,29
フーコー, M.　5
藤田英典　151
フリー・スクール　158
フリーター　50,52-54,58
ブルデュー, P.　31
ブルーナー, J.S.　169
プレゼン能力　104
文化的再生産　31
補習校　123-125,127
ホームスクーリング　12,13
本田由紀　53,156

ま　行

学びからの逃走　157
無業者　51
モデル・マイノリティ　129
モニトリアル・システム　5,154
物語　78
モラトリアム　145

や　行

ゆとり教育　113-115,177
ゆとりの時間　172
ユニバーサル　176,177

ら　行

理科離れ　173
ルソー, J.J.　140

シリーズ監修

住田正樹・武内　清・永井聖二

第3巻編者

武内　清（たけうち　きよし）

1944年　千葉県生まれ
東京大学大学院教育学研究科博士課程中退
東京大学教育学部助手，武蔵大学社会学科専任講師，同助教授，同教授，上智大学教授を経て，2010年より上智大学名誉教授，2011年より敬愛大学特任教授，現在に至る
専　攻：教育社会学
【主要著書・論文】
『キャンパスライフの今』（編著）玉川大学出版部
『大学とキャンパスライフ』（編著）上智大学出版
「生徒文化の社会学」『学校文化の社会学』福村出版
「ホームスクーリングから見た地域社会学校」『新・地域社会学校論』ぎょうせい
「アメリカの教育事情」『上智大学教育学論集』30号

［子ども社会シリーズ3］
子どもと学校

2010年3月30日　第1版第1刷発行
2013年9月10日　第1版第3刷発行

編　者　武内　清

発行者	田中　千津子	〒153-0064　東京都目黒区下目黒3-6-1
発行所	株式会社 学文社	電話　03（3715）1501 代 FAX　03（3715）2012 http://www.gakubunsha.com

©TAKEUCHI, Kiyoshi 2010　　　　　　　　　　　印刷　新灯印刷㈱
乱丁・落丁の場合は本社でお取替えします。
定価は売上カード，カバーに表示。

ISBN 978-4-7620-2019-3